Léon Vernier

———

Petit Traité

de

Métrique Grecque et Latine

LIBRAIRIE HACHETTE ET Cⁱᵉ

PETIT TRAITÉ

DE

MÉTRIQUE GRECQUE

ET LATINE

PETIT TRAITÉ

DE

MÉTRIQUE GRECQUE ET LATINE

PAR

LÉON VERNIER

Professeur adjoint à la Faculté des lettres de Besançon

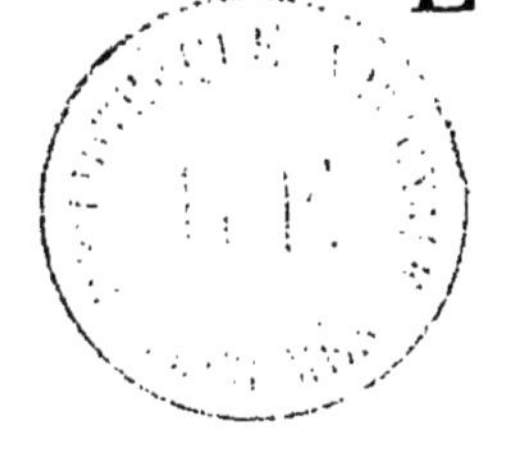

PARIS

LIBRAIRIE HACHETTE ET Cie

79, BOULEVARD SAINT-GERMAIN, 79

1894

A MON CAMARADE

SALOMON REINACH

AVANT-PROPOS

Ce petit livre, destiné principalement aux Étudiants des Facultés des Lettres, n'ose point prendre le titre d'élémentaire, bien que ce mot ait reçu une extension tout à fait inespérée depuis la Renaissance philologique des Français. Ce n'est pas qu'on se soit écarté sensiblement des programmes officiels, dont une sagesse avisée a fixé les limites ; ni même qu'on ait cherché à dire des choses difficiles : l'art des anciens était simple, et toute solution compliquée des problèmes de la métrique devrait par là même être suspecte. Mais le retour à la simplicité n'est pas toujours une chose simple ; et il peut paraître sans doute malaisé d'abandonner certaines traditions déjà anciennes, quoique fort peu antiques, et de renoncer à des méthodes que leur complexité même a pu faire admirer. C'est pourquoi il a semblé utile d'indiquer ici le but qu'on s'est proposé dans cet ouvrage.

Les Métriciens de l'antiquité se renfermaient avec un soin quelque peu jaloux dans les limites de leur science propre ; les modernes font de fréquentes excursions dans le domaine de la rythmique musicale. Cette habitude présente un double inconvénient.

D'abord elle introduit indûment des idées modernes

dans l'art antique; et de plus elle nous porte à négliger une partie très importante de la métrique proprement dite. Il y a en effet une grande différence entre notre manière de procéder et celle des anciens. Nos compositeurs adaptent tant bien que mal les paroles à la musique, et ils font assez bon marché du rythme naturel de chaque syllabe : le mouvement que le chant impose à chaque mot peut être exactement le contraire de celui qu'on entend dans le langage usuel. Le rythme du chant tyrannise pour ainsi dire celui de la parole. Nous nous gardons bien de permettre aux anciens d'avoir ignoré ces habitudes. Or chez les Grecs le rythme du vers n'est pas autre que celui du chant, et les rythmiciens, quand il y a quelque légère discordance, s'efforcent de plier non pas la parole à la musique, mais plutôt la musique à la parole. La substitution du point de vue moderne à l'idée ancienne a souvent rendu inintelligibles les choses les plus simples. Nous n'avons dit un mot de ces théories, qui ne sont pas à vrai dire de notre sujet, qu'autant qu'elles nous paraissaient fausser les principes de la métrique elle-même.

Ensuite nos philologues, toujours prêts à étudier les rythmes au point de vue purement musical, et à négliger les paroles, oublient trop facilement que chez les anciens les durées ne sont pas des sons considérés d'une façon abstraite, mais qu'elles sont représentées par des syllabes; le vers est formé de mots dont la disposition n'est pas indifférente et doit obéir à des principes généraux. Ces rapports du langage et du rythme dans les vers n'ont pas été élucidés par les anciens, dont nous n'avons que des traités trop élémentaires; et les modernes se sont bornés souvent à la constatation obligatoire et empirique de faits nombreux, mais inexpliqués. Cette étude est pourtant une partie essentielle de la métrique. C'est pourquoi nous avons cru devoir rechercher les lois du *rythme* ou *mouvement grammatical*, lois très simples d'ailleurs et très analogues à celles du rythme musical, dont elles servent à corriger et à varier les mouvements. Ces deux principes sont les fondements de la versification grecque, et sont tempérés l'un par l'autre; ce sont eux qui donnent aux vers ce mélange d'unité et de variété, cette harmonie élégante des proportions qui est, ici comme ailleurs, le caractère propre du génie hellénique.

Plus simple en apparence que l'art des Grecs, et réduite souvent à des types monotones à force de régularité, la métrique des Latins renferme pourtant un assez grand nombre de mystères. Au-dessus de toutes les autres difficultés se dresse la question des vers de Plaute et des anciens poètes dramatiques, sorte de roc ardu et peu accessible, mais vers lequel les philologues se font un devoir d'entraîner leurs disciples, parce qu'il offre toutes les séductions des cavernes et des précipices. Ce problème avait déconcerté à l'époque de la Renaissance les plus grands amateurs de l'antiquité, qui le reléguaient respectueusement à côté de la quadrature du cercle; depuis il a fourni un champ de bataille des plus fameux à la science militante des nations philologiques. La multiplicité et la complexité des solutions autoritaires étonnent encore nos plus doctes humanistes au point de les faire sourire : aussi ont-ils, à leur grand tort, jugé prudent d'abandonner leur voix au chapitre. Cependant on peut se demander si toutes ces difficultés sont bien naturelles. Quoi! les mètres de Plaute seraient plus compliqués que les productions raffinées de l'art impérial; et cette versification encore primitive, accessible à des amateurs d'ours et de pugilat, devrait rester rebelle aux efforts de nos grands savants, pourvus de l'arsenal formidable de la philologie moderne? Mais il semble bien qu'on ait accepté sans grande critique les indications très sommaires de quelques grammairiens de la basse époque, qui avaient d'ailleurs la faiblesse de se demander, comme chez nous Boileau, si les vieux poètes avaient bien fait des vers. On nous parle couramment de mesures à trois temps qu'on remplace à volonté, et partout, par des pieds de quatre temps, sans compter les autres : c'est ainsi que les ïambes, faits pour dominer les tumultes populaires, sont devenus pour nous une imitation, assez heureuse d'ailleurs, du sourd frémissement des foules. Cela n'empêche pas, du reste, d'ajouter à une hypothèse rythmique déjà trop commode par elle-même des règles de prosodie très nombreuses et par conséquent très incomplètes, et qui, chose curieuse, varient avec les mètres. Peut-être serait-il utile de reléguer une bonne fois parmi les curiosités purement modernes les ïambes et les trochées de quatre temps, les crétiques qui en ont six et les autres énormités rythmiques du même genre : sans compter qu'on peut toujours craindre la découverte, par quelque jeune philologue génial, de l'anapeste de deux ou trois longues, qui permettrait sans doute de régler d'une façon définitive le sort des *Cantica* de Plaute.

Ces monstres, en apparence du moins, existent ailleurs que chez les comiques latins; mais on a bien voulu trouver le moyen de s'en débarrasser. En lisant Homère, les grammairiens anciens s'arrêtaient, non sans complaisance, devant les vers *sans tête* et les vers *à longue queue*; ils avaient d'ailleurs étiqueté et dûment catalogué toutes ces curiosités. La linguistique moderne a fait disparaître sans peine cette tératologie : il a suffi de deviner qu'il fallait prononcer et non pas lire ces vers, devenus méconnaissables parce que les Grecs postérieurs les avaient habillés à la moderne. Il serait bon d'agir de même pour la prosodie des comiques latins, et de ramener leurs vers aux types grecs dont ils ne portent que le nom. Il ne suffit pas de chercher à réduire les pieds étranges qui ont plus de quatre temps; il est nécessaire de ramener à trois certains pieds de quatre temps qu'on prend pour des ïambes, ce qui n'est pas moins anormal. Les règles prosodiques qui donneront un rythme à ces vers et qui en feront une chose humaine devront être d'autant meilleures qu'elles seront sorties d'un principe unique. La solution la plus acceptable de ces difficiles problèmes pourrait bien être celle qui risque de nous étonner par sa simplicité.

Nous avons cru trouver le principe fondamental de la prosodie latine parlée dans le *roman*, c'est-à-dire dans le latin que plusieurs peuples de l'Europe parlent encore aujourd'hui à leur manière. C'est au roman que s'étaient adressés les premiers philologues qui abordèrent la question; et il est étonnant que les savants latins, les

Italiens surtout, n'aient pas su ou osé reconnaître des rythmes dont le sentiment leur est presque imposé par le génie même de leur langue. Mais la direction générale de la philologie a passé depuis aux savants allemands, dont l'oreille est facilement trompée par le rythme spécial des vers germaniques; et les méthodes qu'ils appliquent en général à la science de la métrique se sont imposées aux philologues de race latine, qui ont mis plus d'art à les copier qu'à les critiquer. Si l'enseignement du latin avait été interrompu au moyen âge, c'est sans doute dans les langues romanes qu'on retrouverait tout d'abord le sens grammatical des mots : il doit en être de même pour le sens rythmique, c'est-à-dire pour la prononciation vivante et la véritable prosodie. La philologie romane, solidement établie dans son ensemble, nous indique d'ailleurs les lois générales à vérifier. Les grammairiens latins enseignaient souvent les règles de la quantité, qui avait cessé d'être naturelle, à l'aide de l'accent, principe essentiel en latin et en roman : on peut faire de même en général pour les mètres latins. L'accent n'a pas été recherché pour lui-même, et n'est pas le fondement de la métrique; mais il a une influence si considérable sur la quantité, qu'il joue, quoique indirectement, un très grand rôle dans la versification.

L'étude des vers latins populaires doit commencer par Phèdre et non par Plaute, à moins qu'on ne préfère la méthode très méritoire, mais téméraire, qui va du plus difficile au plus facile. La prosodie mieux établie des époques savantes peut seule nous faire comprendre le rythme de l'ancien langage, plus primitif et moins connu.

Le principe qui fera voir dans Phèdre des ïambes véritables, appliqué aux comiques avec plus d'extension, montrera que ces vieux poètes n'étaient pas des amateurs de rythmes informes, mais qu'ils ont tout bonnement cherché à faire des vers.

Les règles propres de la versification latine expliquent surtout les mètres dits populaires ; mais, par leur caractère essentiellement national, elles ne pouvaient manquer d'influer sur les vers savants, ceux qui, plus rapprochés du type hellénique, ont toute la régularité d'un art officiel. Le vers latin ne ressemble pas au vers grec, son modèle, pas plus que le vers italien ne ressemble au vers français, son congénère. Transportée sur un sol étranger, la métrique grecque n'a pu se former à ce climat nouveau qu'en subissant des modifications dues au génie même de la langue latine. Les différences étaient nécessaires à force d'être naturelles : elles tiennent toutes à cette loi unique : au point de vue rythmique, comme au point de vue phonétique, et malgré les apparences, les Grecs et les Romains, tout en essayant de dire les mêmes choses, ne parlaient pas tout à fait la même langue.

L'adaptation d'ailleurs se fit peu à peu et successivement. Ce n'est point Virgile qui a porté l'hexamètre latin à sa perfection ; c'est dans Ovide et les poètes postérieurs qu'il faut étudier les types accomplis, où les règles grecques sont élégamment accommodées aux exigences latines. On ne s'y trompait guère chez nous jadis, lorsqu'à la science approfondie de la métrique on préférait naïvement l'art délicat du vers latin.

L'action des lois fondamentales du rythme latin produit naturellement la versification rythmique. Ces règles avaient toujours existé; mais le courant populaire était endigué par l'art savant et l'autorité scolaire. Si notre versification était mise à la discrétion d'un public peu soucieux de l'orthographe, il est clair qu'on laisserait de côté la prosodie de nos ancêtres pour prendre celle des chansonnettes. De même, à la fin de l'empire romain, la langue populaire se dégagea de ses chaînes : alors la vieille prosodie réapparaît avec ses traits généraux, non plus telle qu'elle était au temps de Plaute, mais modifiée par un progrès incessant et une évolution continue, pendant laquelle elle avait suivi les modifications de la langue parlée. Les anciennes figures métriques sont toujours les mêmes, mais la matière dont elles sont faites a tellement changé de forme qu'il est parfois difficile de les reconnaître.

L'examen sommaire des rythmes latins nous conduit, à travers le moyen âge, jusqu'aux vers modernes. Le changement du latin parlé en roman, et la formation de langues nouvelles, influent de nouveau sur la versification et créent des types différents comme les langues. C'est l'application du même principe général qui doit éclaircir les origines du vers roman et notamment du vers français.

De nos jours on a abandonné, et à bon droit, la vieille science grammaticale, qui se bornait à apprendre sans comprendre, ou bien qui avait la prétention de substituer à la logique des peuples celle de quelques philosophes. On préfère traiter les mots comme des êtres humains, remonter historiquement aux origines, et établir une filiation des faits aussi sûre que la meilleure généalogie. On reconnaît alors que tout se lie et se tient dans l'évolution de la parole écrite ou parlée; mais c'est bien à tort qu'on voudrait séparer l'étude de la versification de l'histoire phonétique des langues. Elle y reste intimement attachée, parce qu'elle n'a d'autre fondement que le langage lui-même. Un traité de métrique ne doit être qu'une *Grammaire historique des rythmes*. Ainsi conçue, la science de la versification fait partie de l'histoire littéraire; elle nous permet de suivre le progrès des formes rythmiques, parallèle à celui des formes grammaticales, du style, et même des idées; elle doit aider à mieux comprendre le génie des langues et des peuples, aussi bien que les chefs-d'œuvre de la poésie.

SIGNES EMPLOYÉS DANS CE LIVRE

− Syllabe longue.

ᴗ Syllabe brève.

ᴗ̲ Syllabe commune.

R., Rythme.

M. G., Mouvement ou rythme grammatical.

Q., Quantité.

R. I., Rythme italique, représentant la prononciation latine usuelle.

⊥ ᴗ Syllabes qui portent le temps fort.

ᴗ ⊥ Syllabes qui portent le temps fort principal dans les pieds composés, quand il y a lieu de le distinguer.

⊥ ᴗ Syllabes accentuées (en latin).

| Séparation des pieds, quelquefois *hiatus*; (avec des notes musicales) barre de mesure, qui précède immédiatement un temps fort.

‖ Césure.

⦙ Coupe grammaticale, entre deux mots.

— 1. Rythme de valeur négative.

0. Rythme indifférent.

1. Rythme de valeur positive.

PETIT TRAITÉ

DE

MÉTRIQUE GRECQUE

ET LATINE

INTRODUCTION

Les livres dans lesquels on étudie l'art des vers français ou modernes sont généralement des *Traités de versification*; ceux qui sont consacrés aux vers grecs et latins prennent plutôt le nom de *Traités de Métrique*. Cette appellation, bien qu'elle ait un caractère plus savant, n'est pas très exacte : les métriciens, en général, s'occupent non seulement des mètres proprement dits, mais encore de questions d'un ordre un peu différent.

La science de la versification peut, en effet, se diviser en deux parties. L'une s'occupe des matériaux qui serviront à la construction du vers, une autre de cette construction elle-même ; la première est la *prosodie*, la deuxième, la *métrique*.

1. Le mot *prosodie* (προσῳδία, en latin *accentus*), qui, chez les Grecs, signifie l'accent tonique, sert d'ordinaire, aujourd'hui, à désigner la science de la quantité. Cet emploi abusif vient probablement de l'habitude prise par les grammairiens latins d'enseigner dans les écoles la quantité à l'aide de l'accent : ces deux éléments ont ensemble une étroite relation.

1

On en pourrait distinguer une troisième, d'un caractère moins régulier, moins scientifique, mais plus esthétique, qui cherche à rendre compte des moyens employés par les poètes pour ajouter certaines beautés non nécessaires à leurs vers une fois construits : elle étudie, par exemple, chez les anciens, *l'allitération*, *l'harmonie imitative*, la *formation de la période poétique*, etc. Elle n'a pas reçu de nom particulier[1].

Les vers dont on peut étudier le mécanisme dans les langues les plus connues, se ressemblent, plus ou moins, par la métrique, c'est-à-dire par la construction, mais diffèrent essentiellement par le choix des éléments qui servent à cette construction, c'est-à-dire, en d'autres termes, par les principes musicaux sur lesquels chaque peuple, conformément au génie de son idiome, fait reposer l'harmonie du vers ; en un mot par la prosodie.

On peut distinguer dans un son produit par la voix humaine, trois éléments principaux :

1° *L'acuité*, due physiquement au nombre des vibrations ; elle consiste dans l'élévation variable de la voix qui distingue les différentes notes de la gamme.

2° *L'intensité*, produite par l'amplitude des vibrations ; c'est elle qui renforce le son, lorsque, sans élever la voix, on appuie particulièrement sur une syllabe déterminée ; elle correspond à ce qu'on appelle le *temps fort* dans la musique.

3° La *durée*, indiquée dans une phrase musicale par la forme variable de la note, *ronde*, ○, *blanche*, ♩, *noire*, ♪, *croche*, ♪, etc.

---

1. Cette troisième partie est d'une étude assez difficile, parce qu'en général l'oreille moderne ne peut juger que bien imparfaitement de l'harmonie intime des langues anciennes. On trouvera, à ce sujet, de très

Les vers grecs et latins sont fondés essentiellement sur la quantité, c'est-à-dire sur la durée relative des sons de la langue ; l'harmonie y était produite par la succession régulière des syllabes brèves et longues. Ces vers étaient également soumis au principe d'intensité, c'est-à-dire que chaque mesure avait une partie forte et une partie faible.

De plus, en grec, l'accent tonique était d'*acuité*, c'est-à-dire que, pour arriver des syllabes ordinaires ou graves à la syllabe tonique, la voix s'élevait à peu près d'une quinte, c'est-à-dire, par exemple, de *do* à *sol*, ce qui amenait dans le langage une véritable modulation. L'accent, il est vrai, ne jouait aucun rôle nécessaire en métrique ; mais il est probable que les bons poètes connaissaient l'art de disposer les toniques d'une façon harmonieuse ; de même que les nôtres, indépendamment des règles usuelles de nos vers, savent employer certains rythmes qui flattent l'oreille. Possédant les éléments fondamentaux d'une phrase musicale, le vers grec était une véritable musique ; et, l'on pouvait dire, même sans figure, des mètres les plus parfaits, qu'ils étaient chantés. Aussi le vers grec doit-il être mis au premier rang des vers classiques.

Les vers latins non lyriques n'étaient plus guère chantés que par métaphore. Ils avaient un caractère moins musical que le type hellénique qu'ils cherchaient à reproduire. L'accent latin n'était pas mélodieux au même degré que l'accent grec. Quintilien lui reproche son uniformité et surtout une certaine *raideur*[1]. Ce mot laisse entendre que la modulation légère, souple et variée des mots grecs était remplacée, en

utiles indications dans le *Traité de Versification* de Quicherat, livre un peu trop négligé aujourd'hui.

1. Accentus autem, cum rigore quodam, tum similitudine ipsa, minus suaves habemus. (*Inst. or.*, XII, 10.) *Similitudo* est l'*uniformité* de l'accent, qui en latin ne se place ordinairement que sur les syllabes anté-

latin, par une intonation plus monotone qui, tout en conservant, comme l'accent italien de nos jours, un certain caractère musical, se rapprochait cependant de l'intensité. En outre, à cause du génie différent des deux langues, les vers étaient bâtis avec des matériaux qui ne se prêtaient pas toujours à la reproduction exacte du modèle métrique. L'affaiblissement de l'un des éléments de l'harmonie du langage et le caractère imparfait de toute imitation étaient pour la versification latine les causes d'une véritable infériorité.

Les peuples modernes, dans leurs vers, ne connaissent plus le principe, même facultatif, de la modulation. En outre, ils ont confondu les notions de durée et d'intensité, en sorte que les sons les plus forts sont mis à la place des longues antiques et les plus faibles à la place des brèves. De là une imper-fection musicale qui n'est que médiocrement compensée, chez nous, par la numération arithmétique des syllabes devenue nécessaire et par le refrain uniforme de la rime.

Il n'y a qu'un art consommé qui puisse, dans nos vers, compenser la disparition des procédés antiques, simples, mais de grand effet, et des liens, aussi étroits que naturels, qui fai-saient de la poésie la sœur de la musique.

pénultièmes et surtout pénultièmes, tandis qu'en grec il se place en outre sur les finales des parties du discours.

CHAPITRE I

1. La quantité : longues et brèves. — La quantité, base de la versification, était fixée par des règles et par la tradition. On l'enseignait soigneusement dans les écoles et on la préservait ainsi des altérations que le temps et l'usage auraient pu lui faire subir.

L'unité de mesure et de temps (χρόνος, *mora*) est représentée, dans le langage, par la syllabe brève (◡) ; deux brèves valent une longue (◡◡ = –).

Une syllabe est longue tantôt par nature (μακρὰ φύσει, *longa natura*), quand la voyelle qu'elle contient est prolongée par la voix, comme dans φιλῶ, *amōrem*, tantôt par position (θέσει, *positione*[1]), quand la voyelle est suivie de plusieurs consonnes : ἐστί. Elle peut être longue d'ailleurs pour l'une et l'autre de ces raisons : ὥσπερ, *scribens* : c'est ainsi que ĕst = il est ; ēst = il mange.

2. Régles générales de la quantité. — En dehors de l'usage, la quantité naturelle des voyelles grecques peut être indiquée en partie par l'écriture ou par l'accent.

1. On ne doit jamais dire qu'une *voyelle* est longue par position. L'adjonction d'un nombre quelconque de consonnes ne changerait rien à la durée de la voyelle ; la syllabe seule est véritablement allongée.

D'abord, toute diphtongue suivie d'une consonne est longue parce qu'elle équivaut à deux voyelles.

L'écriture distingue de plus η, ω, c'est-à-dire *e* et *o* longs, de ε et de ο : ᾳ est nécessairement long parce que l'ι souscrit ne peut s'ajouter qu'à une longue.

L'accent tonique est proprement l'accent aigu, qui marque l'élévation de la voix sur une des syllabes du mot. Toutes les autres syllabes devraient être marquées du grave, qui indique le retour de la voix au ton normal : κὰτὰφέρὲτὲ; mais les grammairiens grecs ont jugé à propos de n'écrire ce dernier qu'à la fin des mots, quand il remplace l'aigu.

L'accent (′) ne porte naturellement que sur un *temps*, c'est-à-dire sur une voyelle brève. Si donc l'accent tonique porte sur une longue, il est nécessaire qu'une des brèves dont elle se compose soit aiguë, tandis que l'autre est grave (δῶρον = δόὸρον). C'est proprement ce que marque l'accent circonflexe dont la forme primitive (∧) a été modifiée pour la commodité de l'écriture. Ainsi toute voyelle circonflexe est double, et par suite doit compter comme une longue[1].

D'autre part, il y a entre l'accent et la quantité de la finale une relation qui permet d'établir les lois suivantes :

1º La dernière syllabe d'un mot est toujours brève quand la pénultième porte le circonflexe : δῶρα.

2º Cette même syllabe est également brève quand l'antépénultième est accentuée : κάλλιστα.

---

1. Une voyelle longue tonique peut être suivie d'une autre longue : comme l'accent ne peut reculer au delà du 3º temps à partir de la fin du mot, il prend nécessairement la forme ⌣ ⌣́ ⌣⌣ δὸόρῳ. Tel est l'*anti-circonflexe* ∨, reconnu par quelques grammairiens, mais toujours désigné par l'aigu (δώρῳ) dans l'écriture usuelle.

3º Quand la dernière est brève et que la pénultième est marquée de l'aigu, la voyelle tonique est brève : πάτερ[1].

Les grammairiens latins enseignaient souvent la quantité, qu'on risquait d'oublier, à l'aide de l'accent que tout le monde prononçait à peu près correctement. Nous ne pouvons les imiter, car nous n'avons pas l'habitude de marquer l'accent latin, ou plutôt nous le plaçons régulièrement à faux. Toutefois, l'étude historique de notre langue, dont le développement est dominé par le principe de l'accent, nous fournit des indications parfois assez sûres, quoique indirectes, sur la quantité latine. Par exemple, les voyelles toniques *e* et *i* se sont toujours dédoublées en roman en une diphtongue qui varie suivant la quantité de la voyelle primitive : ē et ĭ donnent *ei* et *oi*; ĕ devient *ie*, ĭ ne change pas.

On peut donc connaître, à l'aide de la diphtongue française, la quantité de ces voyelles. La brièveté ou la longueur des syllabes toniques de *pilus*, *crēdo*, *consilium*, *pĕdem*, *amīcus*, sera indiquée par les mots : *poil*, *crois*, *conseil*, *pied*, *ami*. L'étude de la phonétique française pourra d'ailleurs fournir beaucoup d'autres secours.

La connaissance de la linguistique grecque et latine peut servir aussi à expliquer la quantité dans ces langues. Mais les règles de cette nature ne sont pas toujours sûres et ne peuvent pas l'être, parce que les lois phonétiques les plus naturelles sont souvent troublées par l'action de l'analogie. Rien ne peut remplacer l'étude des traités spéciaux, fortifiée autant que possible par la connaissance même des poètes[2].

---

1. L'accent ne change pas dans les mots alors même qu'une des syllabes perd sa quantité. Si l'on écrit δῶρ' ἔφερον, le circonflexe de δῶρα continue à indiquer la quantité brève de l'α élidé.

2. Voir la *Prosodie latine* de MM. Thurot et Chatelain, et celle plus élémentaire de MM. Grumbach et Waltz.

3. De l'allongement par position. — Une syllabe composée d'une voyelle suivie de deux consonnes ou d'une consonne double (ζ, ξ, ψ, x) peut être longue *par position*.

Cet allongement, selon quelques philologues, serait dû non pas à la valeur propre de la consonne, qui est insignifiante, mais à un son peu déterminé, ou à un *silence* que la prononciation place entre deux consonnes : *voluc-res*.

Cet élément n'existe plus quand on réunit les deux consonnes, *volu-cres*; et l'allongement disparaît avec lui.

Cette théorie est contraire à celle des grammairiens les plus autorisés, héritiers de traditions anciennes, et dont l'oreille était meilleur juge que la nôtre en ces matières. Elle est peu naturelle, car les consonnes ont un son d'une certaine consistance : les peuples du Midi éprouvent certaines difficultés à les prononcer, et les nations les plus habituées à ces sortes d'articulations se sentent cependant arrêtées quelquefois par la prononciation d'un groupe de trois consonnes. L'oreille admet difficilement qu'il y ait le même intervalle entre les deux premières voyelles de *adagium* et celles de *adgredi*.

On reconnaît d'ailleurs que les semi-voyelles *l* et *r* allongent plus facilement les syllabes quand elles sont précédées d'une sonore *d, g* ou *b*. La sonore est donc plus longue que la muette : or, si les consonnes ont une valeur différente, c'est évidemment qu'elles ont une valeur.

Enfin cette doctrine se heurte à des faits obscurs ou inexplicables. Pourquoi réunit-on *pa-tres* et non *po-rta* ou *po-rro*? Pourquoi peut-on prononcer *pa-tr-es, sæpe st-ylum*, et non *occupa-t r-em, terre-strem*, ni même *ade-st*? Il y a un silence normal entre deux mots : c'est sur cette pause légère qu'est fondée la césure antique. Or on admet que ce silence peut être négligeable, et l'on tient compte de celui qui pourrait exister entre deux consonnes intérieures. Cette pause devrait allonger ordinairement *e-st* dans *sæpe stylum*, tandis que cette même syllabe devrait rester brève dans *est*; or, c'est le contraire qu'on trouve chez les poètes.

D'ailleurs l'idée même d'attribuer à un intervalle vide un effet normal sur la quantité est réfutée par les faits. Le silence qui existe entre deux mots, alors même qu'il est marqué par une forte ponctuation, même accompagnée d'hiatus [1], n'amène aucun allongement normal. Pourquoi en serait-il autrement du silence plus faible qu'on suppose entre deux consonnes?

Il est bien préférable d'accepter la théorie des anciens. D'après eux, chaque consonne équivaut à un demi-temps; cette quantité, qui paraît exagérée, n'est sans doute qu'un chiffre destiné à fixer les idées. Deux consonnes consécutives forment donc deux demi-temps ou *un* temps, qui, s'ajoutant à une voyelle précédente, produit sensiblement une syllabe longue. Exemple : dans le mot *est*, $e = 1$ temps, $s = \frac{1}{2}$ temps, $t = \frac{1}{2}$ temps : total 2 temps.

Les liquides, disent les grammairiens, sont ainsi appelées parce qu'elles ont un son très coulant et semblent s'effacer dans la prononciation : ainsi on pouvait compter pour rien ou à peu près *r*, *l*, et même *s*, dans *gravis*, *flagellis*, *smaragdo*.

4. Les syllabes communes. — Toutefois, il importe d'expliquer plus complètement que ne l'ont fait les métriciens la quantité des syllabes *communes*, c'est-à-dire de celles qui sont longues ou brèves à volonté.

1. Exemple :

Addam cerea prună ; honos erit huic quoque pomo.
(VIRGILE, *Bucoliques*, II, 53.)

On se plaît aujourd'hui dans les écoles à épeler les consonnes en les faisant suivre d'un son vocalique : *le, se, me, re,* etc. L'usage ancien, qui remonte fort loin, établissait une distinction : on disait *bé, cé, dé;* mais *el, emm, ess, enn, ef.* Il faut toutefois mettre à part la lettre *f,* qui n'a pas été traitée par les anciens comme par les modernes. Il n'y a rien de plus naturel que cette prononciation. Parmi ces lettres, les unes s'appuient naturellement sur la voyelle précédente, les autres sur la suivante; c'est un fait confirmé par nombre d'observations linguistiques. Dans les langues anciennes comme dans les langues romanes, les lettres *l, m, n, r, s* terminent régulièrement les mots parce qu'alors elles sont précédées d'une voyelle : on prononce facilement *pater,* mais *patr* ne serait pas naturel. Les autres consonnes ne se trouvent pas ordinairement à cette place parce qu'elles ne sont pas suivies immédiatement du son vocalique nécessaire à la prononciation. Elles persistent devant les voyelles, tandis qu'elles tombent devant les consonnes, comme nous le voyons en français. — En italien, *s* initial suivi d'une consonne qui le gêne cherche à s'appuyer sur une voyelle antérieure; c'est ce qui fait changer la forme normale de l'article : *il soldato, lo spirito.* En vieux français un *e* initial est produit de la même façon : *Stephanus* donne *Estienne.* En grec très ancien, ρ appuyé naturellement sur une voyelle précédente se prononçait avec tant de force qu'il pouvait allonger régulièrement une syllabe initiale, ce qu'on marque en l'écrivant deux fois de suite, ἔρρωγα, ἔρριψα. C'est un phénomène semblable qui explique les formes homériques telles que ἔλλαβε, où l'on voit un redoublement analogue de la liquide.

De ces faits, dont on pourrait multiplier les exemples, et dont il serait trop long de rechercher les raisons physiologiques, il résulte que les lettres dont il est question ont une tendance à s'appuyer sur une voyelle, ou tout au moins sur un son imperceptible qu'elles peuvent développer elles-mêmes. C'est dans cette position seulement qu'elles sont prononcées dans toute leur plénitude, et prolongées de telle façon qu'on a pu les prendre pour des voyelles. Mais ces mêmes lettres, si elles sont appuyées sur une consonne précédente, se trouvent pour ainsi dire dans une situation anormale et peuvent perdre une grande partie de leur valeur. Ce fait n'a rien qui doive nous étonner; car si personne chez nous ne dit *pote* pour *porte*, on entend prononcer régulièrement, *note* pour *notre*, *quate* pour *quatre*, *artique* pour *article*. Ces consonnes ont donc un double caractère : précédées d'une voyelle, elles sont à peu près des voyelles elles-mêmes; admettons que, dans ce cas, elles valent environ trois quarts de temps; dans le cas contraire, elles ont un son insignifiant et ne valent plus guère qu'un demi-temps ou un quart de temps. Ainsi, dans *porta*, $o = 1$, $r = \frac{3}{4}$ de temps, $t = \frac{1}{2}$ temps, ce qui forme une longue; dans *patrem*, $a = 1$ temps, $t = \frac{1}{2}$ temps, $r = \frac{1}{4}$ de temps ou moins : la longue n'est pas complète et peut passer pour un brève.

La consonne peut s'appuyer, si la prononciation doit faire distinguer les deux termes d'un composé : ainsi dans ἔ-κλινεν, de κλίνω, λ qui se rattache à κ a naturellement le son faible ; il n'en est pas de même dans ἔκ-λειπεν, parce qu'ici λ est précédé d'une légère pause.

S se prête moins que les autres demi-voyelles à l'abréviation. A l'intérieur d'un mot, elle a toujours sa valeur pleine. Mais elle pouvait la perdre quand elle était initiale et suivie d'une consonne : *sæpĕ stylum*; ἄνδρες τὲ Σκάμανδρον. L'abréviation de la syllabe ne se produit alors que si l'on réunit vivement Σκ, *st*, sans tenir compte de la pause qui précède, en effaçant à peu près l'initiale. Cette prononciation présente quelque difficulté : elle n'était admise en grec qu'assez rarement.

Ainsi d'une manière générale *l*, *m*, *n*, *r*, accompagnées d'une consonne, tendent à former position, quand elles sont précédées d'une voyelle ou d'une pause légère; sinon la syllabe est *commune*, c'est-à-dire l'abrègement est facultatif. *S* perd beaucoup plus difficilement sa valeur, et seulement quand elle est initiale et précède une consonne; encore est-ce là une liberté, qui, à peine justifiée par la nature de la langue, a été amenée par la nécessité de faire entrer certains mots dans les vers.

5. Valeur diverse des différentes consonnes. — Toutefois, les conditions de l'allongement peuvent varier avec la nature de la deuxième consonne. Les *ténues* ou *explosives* sont ainsi appelées à cause de leur peu de consistance ; ce sont celles-là qui permettent l'abréviation dans le plus grand nombre de cas, et principalement dans Homère. Les *sonores* ou *moyennes* *d*, *g*, *b*, ont déjà plus de valeur, aussi ont-elles plus de tendance à conserver l'allongement. Il en est de même, à plus forte raison, des *aspirées*, auxquelles on attribue souvent un son qui n'est pas le leur.

Ces lettres existent encore dans certains dialectes allemands. Chez nous, elles ne sont prononcées que par un défaut particulier à certaines personnes qui bégaient et qui articulent *pporte*, *ttableau*, *ccomment donc?* La formation des parfaits πέπλεχα, et τέτροφα, mis pour *πέπλεχχα et pour *τέτροππα, montre très bien l'analogie qui existe entre deux consonnes redoublées et l'aspirée de même ordre. Ainsi χρ forme position plus difficilement que χρ. Ce dernier groupe n'a pu amener la position faible qu'à une époque où le son de l'aspirée s'était rapproché de celui d'une consonne simple.

Ces règles générales de l'allongement ont d'ailleurs varié avec les langues, les dialectes et les époques.

Dans Homère, μ et ν ne sont pas assimilés à λ, ρ; ρ perd sa valeur plus facilement que λ. L'abréviation n'est pas très fréquente devant κρ, πρ, τρ; elle est plus rare avec δρ, βρ, et plus encore avec χρ, φρ.

Σκ initial forme position faible, mais l'abréviation porte alors sur des mots tels que Σκάμανδρον, σκέπαρνον, où elle se justifie en partie par la nécessité d'adapter ces termes au mètre dactylique.

6. La prosodie attique. — La prosodie des Attiques diffère de celle d'Homère par deux points essentiels. D'abord μ, ν jouent le même rôle que ρ, λ; ensuite la différence de valeur entre les *muettes*, les *sonores* et les *aspirées* est presque complètement effacée. On trouve donc ἀκμή ∪ −, δάφνη ∪ −, νεοχμός ∪ ∪ ∪, τέχνη ∪ −, ῥυθμός ∪ −, etc.

Les sonores, devant la liquide λ (βλ, γλ), se prêtent peu à l'abréviation. Σ initial suivi d'une consonne produit régulièrement l'allongement.

7. Les semi-voyelles latines. — En latin *r*, *l*, et surtout *r*, précédés d'une muette, rendent ordinairement la syllabe brève.

Sp, *st* au commencement d'un mot peuvent allonger ou abréger la syllabe; mais les poètes hésitent sur la quantité et évitent ces sortes de liaisons. Horace a mesuré *præmiă scribæ*; cela suppose que *s* et *r* sont très faibles; c'est là d'ailleurs une liberté qui paraît avoir choqué d'autres poètes.

Chez les Romains *x* pouvait être équivalent à *s* ; par exemple *littoră Xanthus* formait la fin d'un hexamètre.

8. Inégalité rythmique des syllabes. — D'après les règles exposées plus haut, il y avait des syllabes longues, plus longues que d'autres ; par exemple la 2e de *scribensque* comprend un *e* long par nature et suivi au moins de trois consonnes : elle équivaut donc à $2 + \frac{3}{2}$, c'est-à-dire à 3 temps $\frac{1}{2}$. Ces anomalies pouvaient influer sur la musique, mais n'avaient pas grande importance en métrique. Les poètes savaient sans doute éviter les effets choquants, mais il n'y avait aucune règle formelle à cet égard.

L'étude des syllabes longues à la fois par nature et par position, utile à d'autres points de vue, n'a donc aucune importance en ce qui regarde la métrique proprement dite.

9. Particularités de la prosodie homérique. — La langue très antique de l'*Iliade* et de l'*Odyssée* présente des caractères prosodiques spéciaux, et semble admettre une quantité apparemment irrégulière, amenée par le changement postérieur ou même la complète disparition de certaines lettres.

Dans les textes que nous possédons, les diphtongues n'ont pas toujours été contractées, quand le mètre le demande : on trouve, par exemple, Βορέης au lieu de Βορρῆς, πλέονες quand il faut lire πλεῦνες. Le plus souvent elles ont été réunies indûment, en sorte que le vers est faux. Il y a lieu de lire par exemple παίς, Θρηίκιος, ῥηΐδιος, et non παῖς, Θρήκιος, ῥήδιος, selon l'usage ordinaire. Les composés de εὖ admettent souvent une diérèse : ἐϋπλόκαμος, ἠΰκομος. On trouve régulièrement les génitifs en οιο, mais non ceux en οο qui seraient nécessaires pour comprendre le mètre. On lira donc au besoin πόντοο, Ἀιόλοο, au lieu de πόντου, Ἀιόλου. La métathèse attique, qu'on voit dans πόλεως mis pour πόληος, devra disparaître de certains endroits où elle a été introduite sans raison.

10. — Le son prolongé de certaines lettres telles que λ, μ, ν, ρ, et le son double des aspirées permettent de comprendre pourquoi, à une époque ancienne, ces lettres ont pu former position. Ainsi s'explique la quantité de mots tels que κᾱλός (cf. κάλλος, κάλλιον), φῖλος, ἀνέφελος, ἀνήρ, Ἄρης, ὄφις = ὄππις, ἠνεμόεις, ionien pour ἀνεμόεις.

Eschyle et Sophocle semblent s'être servis quelquefois de cette licence : ainsi le premier allonge la deuxième syllabe de Πχρθενοπαῖος (*Sept.*, 547).

11. **Le digamma**. — Une question des plus importantes pour l'étude de la prosodie homérique est celle du F ou *digamma*. Cette lettre, dont le son était analogue à celui du *w* anglais (*ou* consonne), s'est effacée dans le grec des âges suivants ; mais sa présence est démontrée par l'étude de formes issues d'une contraction apparemment irrégulière : εἰργαζόμην au lieu de *ἠργαζόμην, qui vient de ἐϜερ, — puis εερ, — enfin εἰργαζόμην, ce qu'on voit par la comparaison du latin et des langues germaniques. Le mot primitif Ϝέργον est confirmé par l'allemand *werk*, l'anglais *work*; Ϝοῖκος, par *vicus*, fr. *Vic*; Ϝοῖνο, par *vinum*; Ϝιδών, par le latin *video*, l'allemand *wissen*; et cette ancienne lettre est conservée au commencement ou même au milieu des mots dans un certain nombre d'inscriptions. Le F pouvait d'ailleurs être précédé de σ, comme le montre la comparaison des formes *suavis*, sanscr. *svadus*, gr. dor. ἁδύς; *soror*, all. *schwester*. Le σ est alors souvent représenté

en grec par l'esprit rude : ὅς, οἵ = *suus*, *sibi*[1]. Le rétablissement de ces lettres permet de comprendre certains allongements de la prosodie homérique.

On scandera donc :

τό σϝοι ὑπὸ (λ)λαπάρην τέτατο (μ)μέγα τε στιβαρόν τε.
— ∪ ∪ —   ∪ ∪ — ∪ ∪ —   ∪ ∪ — ∪ ∪ — —

(Il. XXII, 307.)

Au reste, soit que ces anciens poèmes aient été altérés à cet égard par les rhapsodes de différents pays et à diverses époques, soit que l'usage homérique ait été facultatif, le F ne peut pas toujours être rétabli sans rendre le vers faux. Il y a d'ailleurs dans la prosodie d'Homère quelques difficultés dont la linguistique n'a pas pu encore rendre un compte satisfaisant.

12. Rencontre des voyelles. — La rencontre de deux voyelles, l'une finale, l'autre initiale, amène la suppression d'une brève ou d'un temps, qui cesse de compter dans la mesure. Ce changement de la quantité peut se produire de plusieurs manières

1° Par *élision* : la voyelle finale disparaît, et dans l'écriture grecque elle est remplacée par l'apostrophe. Ex. :

Ἵν' οὐκέτ' ὀκνεῖν καιρός, ἀλλ' ἔργων ἀκμή.

(Soph., Électre, 22.)

Ἕκτορα δ' ἐν πεδίῳ ἴδε κείμενον, ἀμφὶ δ'ἑταῖροι
εἵαθ' · ὁ δ' ἀργαλέῳ ἔχετ' ἄσθματι...
(Hom. Il. XV, 9-10.)

---

1. Ce point a été mis en lumière par M. Maurice Grammont (*Revue bourguignonne de l'enseignement supérieur*, t. IV, n° 1).

2° Par *aphérèse* : la voyelle initiale n'est plus prononcée :

$$\grave{\epsilon}\gamma\grave{\omega} \; '\varphi\acute{\alpha}\nu\eta\nu = \grave{\epsilon}\varphi\acute{\alpha}\nu\eta\nu$$
$$\pi\epsilon\rho\grave{\iota} \; '\varkappa\epsilon\acute{\iota}\nu\iota\varsigma = \grave{\epsilon}\varkappa\epsilon\acute{\iota}\nu\iota\varsigma$$

3° Par *synizèse* ou *synecphonèse* : les deux voyelles ne se prononcent plus séparément, mais se réunissent en une diphtongue :

$$\tilde{\eta} \; o\grave{\upsilon}\chi$$
$$\pi\rho o\breve{\upsilon}\rho\gamma o\upsilon = \pi\rho\grave{o} \; \breve{\epsilon}\rho\gamma o\upsilon$$
$$\chi\rho\upsilon\sigma\acute{\epsilon}\omega \; \grave{\alpha}\nu\grave{\alpha} \; \sigma\varkappa\acute{\eta}\pi\tau\rho\omega$$

Ces différents phénomènes ne sont marqués en latin par aucun signe.

Il est difficile pour les modernes de bien déterminer les conditions dans lesquelles les anciens employaient chacun de ces procédés, et notamment l'élision et la synizèse.

13. Hiatus. — La voyelle finale et l'initiale qui la suit peuvent quelquefois garder leur valeur entière : on appelle *hiatus* l'espèce de bâillement qui se produit alors entre les deux sons. L'hiatus paraît plus naturel aux oreilles françaises : on appuie sur la dernière voyelle sonore des mots, qui est la plus importante, et qui ne peut disparaître ou s'affaiblir en se confondant avec la suivante : nous ne pouvons pas prononcer *où est* tout à fait comme *ouais*, ni *mi-août* comme *miaou*. Mais, dans les langues antiques, et surtout dans le latin, qui n'accentue jamais la voyelle finale, l'hiatus est régulièrement proscrit. Il ne peut se produire que si la voyelle qui doit subir une altération est renforcée par

1. Cf. Weil et Benloew, *Histoire de l'accent latin*, ch. VI, p. 132-138 et p. 208, 232.

l'action d'une cause extérieure, soit par une forte ponctuation, soit par une *césure* surtout accompagnée d'une pause naturelle, soit par l'effet du temps fort, soit enfin par la réunion de toutes ces conditions :

Ξεῖν'; ἐπεὶ οὔτε κακῷ | οὔτ' ἄφρονι φωτὶ ἔοικας.

(Hom., Od., VI, 187.)

Nereidum matri | et Neptuno | Ægeo.

(Virg., Én., III, 74.)

CHAPITRE II

DE L'ACCENT

14. Différents sens du mot *accent*. — Il y a peu de
mots qui prêtent à la confusion autant que le mot *accent*. Il
importe donc d'en bien préciser les divers sens en français.

L'accent *orthographique* est un signe qui nous permet de
distinguer les différents sons d'une même voyelle (*é è*) ou les
diverses acceptions d'un mot (*où = ubi, ou = aut*). Il n'a absolument rien de commun avec l'accent des anciens.

L'accent *tonique, prosodique* ou *grammatical* est l'intonation (*ad-cantus*) de la voix qui s'élève sur une des syllabes
d'un mot ou partie du discours. Ce terme est pris alors dans
le sens propre. En français, bien que nous mettions en général
une sorte d'appui sur les syllabes finales non muettes, on ne
peut reconnaître un accent tonique régulier. Cette expression
ne s'applique exactement qu'à l'état ancien de notre langue,
dont l'accent latin fait comprendre l'origine et le développement.

L'accent grec représentait un intervalle d'environ une
quinte, selon Denys d'Halicarnasse. L'accent latin, comme
celui des modernes, se rapprochait plutôt de l'intensité.

L'accent *métrique*, également d'intensité, est un appui sensible de la voix sur les syllabes *fortes* d'une mesure ; il

correspond à ce qu'on appelle en musique moderne le *temps fort*.

L'accent *pathétique* ou oratoire (*numerus oratorius*) consiste dans l'intonation très variée, soit de force, soit d'acuité, qu'on donne aux mots, aux phrases ou aux membres de phrase dans la déclamation.

L'accent *provincial* est très compliqué. Il comprend toutes les différences d'accent tonique et oratoire, de quantité, de prononciation des voyelles et des consonnes, qui séparent le parler des provinces du langage de la bonne compagnie dans la capitale.

15. Règles de l'accent latin. — Les règles de l'accent grec sont assez compliquées ; celles de l'accent latin sont fort simples.

Les monosyllabes, quand ils forment une partie du discours, c'est-à-dire ne se rattachent pas nécessairement à un mot voisin, ont l'accent circonflexe ou aigu, suivant la quantité de la voyelle. Ex. : *môs*, *lêx*, *cór*, *fél*, *mél*, *ós* (os), *ôs* (bouche).

Les dissyllabes ont régulièrement l'accent sur la première dans les mêmes conditions. Ex. : *ámor*, *bónos*, *môrem*.

Les polysyllabes ont l'antépénultième tonique, quand la pénultième est brève : *pópŭlos*.

L'accent est sur la pénultième quand cette syllabe est longue : *amóres*.

Les *enclitiques* attirent l'accent sur la syllabe du mot qui les précède immédiatement : *Musáque*, *virósve*, *populúmne*.

Lorsqu'une voyelle finale a disparu de la prononciation

courante, l'accent peut être sur la dernière syllabe qui reste : ainsi on accentue *illíc*, parce qu'on reconnaît encore dans le *c* le reste de la particule *ce*, dont l'*e* est pour ainsi dire sous-entendu.

Les prépositions, conjonctions et adverbes monosyllabiques sont *proclitiques*, c'est-à-dire que ces mots, n'ayant pas ordinairement d'accent propre, s'appuient sur le mot suivant, et ne forment avec lui qu'une seule partie du discours : *ad spectán-dum, se cérneret* ne se prononcent pas autrement que *adspec-tándum* ou *secérneret*.

Les prépositions dissyllabiques, telles que *inter, circum*, avaient un accent sur l'initiale, mais probablement fort léger. Certains grammairiens voulaient prononcer *circúm* pour distinguer ce mot du substantif *círcum*. Ce fait semble prouver tout au moins que, dans ces prépositions, l'accent n'était pas assez fort pour rester solidement fixé sur la pre-mière syllabe.

Une conjonction, un adverbe proclitiques, ont plus de valeur qu'une préposition : en français, *si*, par exemple, peut porter l'accent oratoire, mais il ne serait pas naturel d'appuyer sur les prépositions *à* ou *en*. Aussi, lorsque l'un de ces mots, ordinairement proclitiques, était suivi d'un enclitique, le premier pouvait prendre un accent qui paraît même parfois contraire aux règles générales : *síquis, síquando, néqua-quam*.

Toute conjonction qui n'est pas à sa place naturelle, c'est-à-dire au commencement de la proposition, prend l'ac-cent. On prononçait : *cum dícerent*, mais *Athenæ cúm florerent*.

Certains mots, tels que *sunt, est, sit*, n'ont pas d'accent quand ils viennent après un autre mot. Il ne faut pas les confondre avec les enclitiques, car ils ne modifient en rien l'accent du mot précédent.

La connaissance et l'application de ces lois sont indispensables si l'on veut se rendre compte du rythme propre des mots latins et du caractère original de la versification romaine.

CHAPITRE III

16. Le rythme en général. — On appelle *rythme* (ῥυθμός) la cadence produite par une succession de sons qui reviennent à intervalles égaux. Il y a un rythme, par exemple, dans le bruit d'un marteau, dans le galop d'un cheval. Le rythme s'appelle aussi *nombre* (ἀριθμός, *numerus*), parce que, dans tous les arts, les proportions d'où résulte la beauté d'un ensemble peuvent être mesurées par des nombres; mais cette expression s'emploie plus naturellement quand il s'agit de constructions immobiles, telles que l'architecture et la sculpture; le rythme, conformément à sa dérivation (ῥέω), désigne plutôt un mouvement, et s'applique plus spécialement à la danse, à la poésie et à la musique.

Le mot de *rythme* est très général et représente une suite indéterminée, comme les termes d'*espace* et de *temps*. Le rythme, dans la versification antique, est fondé essentielle-ment sur la succession des syllabes brèves et longues. Il peut être sensible sans qu'il soit facile de se rendre compte exacte-ment des moyens qui l'ont produit, par exemple dans les périodes oratoires. Mais dans la versification il a des limites et des divisions bien déterminées. L'unité de mesure est le temps (χρόνος, *mora*) représenté par la syllabe brève (◡), qui équivaut à une croche de notre musique. La brève en se redoublant forme la longue (–), qui vaut par conséquent deux brèves. Considérées au point de vue abstrait, les brèves et, par suite, les longues sont toutes de même durée.

17. Le pied. — La réunion de plusieurs temps forme le *pied*, qui correspond à une *mesure* dans la musique moderne[1]. Le pied comprend essentiellement deux parties, l'une faible, l'autre forte et marquée par l'intensité du son, c'est-à-dire par le renforcement de la voix[2]. La première s'appelait ἄρσις (de αἴρω) et l'autre θέσις, parce qu'on élevait la main en frappant la première et qu'on la baissait sur la deuxième; mais le mouvement de la main ayant été confondu avec l'élévation de la voix, on a dès l'antiquité interverti les sens de ces deux termes, de sorte que le mot *arsis* est arrivé à désigner la partie forte. Il est préférable de se servir des expressions de temps fort ou de temps faible, ou simplement des termes de levé et de frappé, comme le font plusieurs historiens de la musique.

18. Division des rythmes. — Les pieds sont très variés et se distinguent non seulement par le nombre des temps

1. L'origine du mot *pied* est fort discutée. Comme les anciens marquaient la mesure en frappant du pied, il est probable qu'on a pris le signe pour la chose signifiée et que le pied a désigné la mesure.

2. Ce dernier point est contesté : mais outre les preuves tirées des vers eux-mêmes, il semble bien établi par le témoignage des métriciens :

> Parte nam attollit sonorem, parte reliqua deprimit.
>
> (TERENTIANUS MAURUS, 1345 Keil.)

Item arsis elatio temporis, soni, vocis : thesis depositio et quædam contractio syllabarum.

(MAR. VICTORINUS, 40, 16 K.)

qu'ils renferment, *mais encore et surtout par le rapport du levé au frappé*. C'est sur ce rapport qu'est fondée la division des pieds en trois genres.

1° Le *genre égal*, γένος ἴσον, dans lequel le rapport est de 1 à 1 (1 : 1), comprend :

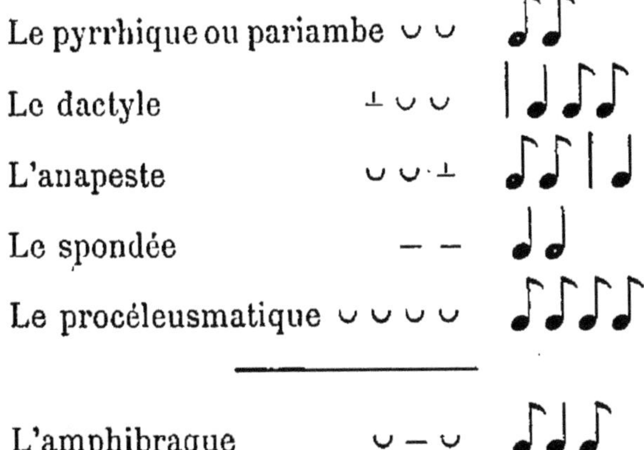

L'amphibraque, bien qu'il soit de quatre temps, n'a point le caractère essentiel du genre égal, qui consiste dans l'alternance très nette de deux temps faibles et de deux temps forts. Aussi ne peut-il remplacer les pieds précédents, et il ne sert de base à aucun mètre usuel.

2° Le *genre double* (διπλάσιον), dans lequel le rapport est de 2 à 1 ou de 1 à 2, renferme :

3º Le *genre sesquialtère* (ἡμιόλιον), dans lequel le rapport est de 2 à 3 (2 : 3), comprend des pieds du genre double, augmentés de la moitié de ceux du genre égal, c'est-à-dire de la valeur d'une longue. La partie forte, composée de trois temps, est tantôt la première, tantôt la seconde :

Bacchius	∪ – –
Antibacchius	– – ∪
Amphimacre ou crétique	– ∪ –
Péon I	– ∪ ∪ ∪
Péon II	∪ – ∪ ∪
Péon III	∪ ∪ – ∪
Péon IV	∪ ∪ ∪ –

4º Le *genre épitrite*, dans lequel le rapport est de 4 à 3 ; il est peu employé.

Épitrite I	∪ – – –
Épitrite II	– ∪ – –
Épitrite III	– – ∪ –
Épitrite IV	– – – ∪

Il existe aussi des composés dont un pied simple forme la partie forte et l'autre la partie faible :

| Choriambe | – ∪ ∪ – |
| Antispaste | ∪ – – ∪ |

Diïambe	⏑ ⏑ —	
Ditrochée	— ⏑ — ⏑	
Dispondée	— — — —	
Dochmius	⏑ — — ⏑ —	

Ce pied paraît être composé d'un ïambe et d'un crétique. Il faut y ajouter

La dipodie ïambique	⏑ — ⏑ —	
La dipodie trochaïque	— ⏑ — ⏑	

qui ont 6 ou 7 temps.

On n'étudiera ici que les deux premiers genres et l'emploi de quelques pieds composés; les autres, par la substitution presque toujours possible d'une longue à deux brèves et de deux brèves à une longue, étaient souvent d'un rythme compliqué, qui devait être aidé par la musique, et dont l'étude se rattache plutôt à la rythmique qu'à la métrique.

On peut comprendre qu'il existe un rythme composé exclusivement de brèves et de longues; mais ces combinaisons dans lesquelles on ne distingue les pieds que par le frappé, n'étaient pas d'usage courant : le pyrrhique ne sert guère qu'à remplacer l'ïambe à la fin du vers; le spondée et le tribraque sont les équivalents d'autres pieds du même genre.

19. Mesures composées. — Les mètres primitifs étaient souvent accompagnés de la marche qui en indiquait nettement les temps forts et faibles. De là l'expression de *scander*, βαίνειν, qui signifie marquer la mesure. Dans les écoles, on avait pris l'habitude d'indiquer le temps fort par un léger bruit du pouce ou du pied.

Chaque pied peut avoir un levé et un frappé; mais de même que dans le langage on peut réunir deux mots sous un même accent tonique (*in hórto, tribunus plébis*), de même on peut joindre deux pieds sous un même accent métrique en leur donnant un temps fort unique. Ces combinaisons s'expliquent par l'habitude qu'avaient les anciens d'approprier aux divers genres de poésie une forme métrique spéciale. Les pieds sonores, animés d'un mouvement mathématiquement régulier, comme les dactyles et les ïambes purs, pouvaient convenir à une poésie très soignée; mais par là même on les jugeait déplacés dans les genres plus familiers et plus rapprochés de la vie commune, où un rythme trop rigoureusement uniforme aurait paru guindé et solennel. C'est ainsi que dans le genre lyrique et surtout dans le genre dramatique on créa deux mesures principales d'une forme très variée, la *dipodie* anapestique et la *dipodie* ïambique. Ces mesures plus libres ont un certain rapport soit avec nos vers blancs qui n'ont pas de rime, soit avec des vers rimés, mais de longueur variable et de structure très libre, comme ceux de La Fontaine. Elles se rapprochent du rythme de la prose.

Dans ces combinaisons le deuxième pied garde toujours la mesure fondamentale ; c'est lui qui porte le frappé, et il rappelle ainsi à des intervalles un peu éloignés le sens général du rythme. Le premier pied, au contraire, qui peut ou s'écarter de la mesure, ou prendre un autre mouvement, n'a qu'un temps fort secondaire; car l'oreille ne pourrait plus se reconnaître aisément au milieu de mesures également marquées et de nature différente.

20. La dipodie anapestique. — La dipodie anapestique présente les formes suivantes :

$$\cup \ \cup \ \acute{-} \quad \cup \ \cup \ \acute{-}$$
$$- \ \acute{-} \quad - \ \acute{-}$$
$$- \ \cup \ \cup$$
$$\cup \ \cup \ \cup \ \cup$$

Elle admet donc au premier pied le dactyle, qui est d'un mouvement contraire à celui de l'*anapeste*, et, beaucoup plus rarement, le *procéleusmatique*.

21. La dipodie ïambique. — La dipodie ïambique est de structure plus libre encore. L'ïambe, par son mouvement rapide, paraissait convenir à la conversation : on avait remarqué que ce pied se rencontrait souvent dans le langage ordinaire. D'autre part, une série d'ïambes purs successifs, également frappés, donne un rythme d'une grande puissance, mais qu'il est difficile de réaliser par l'emploi de syllabes appropriées, et qui s'écarte trop du laisser aller de la langue parlée. On pouvait, il est vrai, lui substituer le tribraque, qui est de mesure égale; mais le mètre ainsi formé eût renfermé beaucoup trop de brèves. Pour utiliser les longues, qui sont plus nombreuses que les brèves dans le langage, on fut obligé de fausser la mesure, et l'on donna au premier pied de la dipodie une valeur facultative de quatre temps :

$$\cup \ \acute{-} \quad \cup \ \acute{-}$$
$$\cup \ \cup \ \cup \quad \cup \ \acute{-} \ \cup$$
$$- \ \acute{-}$$
$$\cup \ \cup \ \acute{-}$$
$$- \ \cup \ \cup$$
$$\cup \ \cup \ \cup \ \cup$$

Le premier pied ainsi formé ne présente pas toujours le

rapport normal de 1 à 2 ; aussi les rythmiciens l'appelaient-ils *irrationnel*.

L'emploi d'une combinaison qui pouvait avoir à volonté six ou sept temps devait choquer les modernes, habitués à des mesures égales. Aussi quelques-uns ont-ils prétendu ramener le premier pied à trois temps, en réduisant d'une certaine quantité chacune des deux longues. C'est là une question assez difficile. A en juger par certains passages des musiciens grecs et surtout par les habitudes du plain-chant, héritier direct des traditions antiques, il est probable que la longue faible du spondée irrationnel gardait sa valeur, tandis que l'autre était souvent allongée du double. La prononciation artificielle ainsi obtenue avait l'avantage de ne pas réduire une longue à une brève, ce qui est très choquant ; tandis qu'il est assez naturel dans le chant d'allonger une syllabe longue, ordinairement par une modulation. Quoi qu'il en soit, c'est là une question purement musicale. Au point de vue métrique, et de l'avis des musiciens eux-mêmes, la réduction serait très difficile à opérer dans la pratique, quand il s'agit de longues résolues et de vers parlés. Il est étrange, quand il s'agit des mètres du dialogue dans la tragédie et la comédie, de voir les modernes s'obstiner à vouloir rendre uniforme quand même une mesure que les anciens avaient précisément faussée à dessein, afin d'y introduire la variété.

22. Scansion antique et moderne. — L'application des idées modernes a conduit également les philologues à une scansion qu'ils qualifient de *rationnelle*. Dans la musique actuelle, la note frappée est celle qui suit la barre de séparation des mesures (toute mesure commence par le temps fort).

On écrit donc ainsi une série ïambique :

Les anciens scandaient un vers ïambique de six pieds ou trois dipodies de la façon suivante :

$$\cup - \cup \perp \mid \cup - \cup \perp \mid \cup - \cup \perp$$

Les modernes prétendent le partager ainsi :

$$\cup \mid \perp \cup - \cup \mid \perp \cup - \cup \mid \perp \cup -$$

Sans examiner les avantages problématiques que présente ce système au point de vue de la mécanique musicale, il suffit de dire qu'il est contraire au témoignage formel de tous les anciens. La quatrième syllabe de la dipodie était certainement marquée de l'intensité ; et si l'on ne mesure pas ainsi, la théorie de la césure est fort difficile à comprendre. De plus l'hiatus et l'allongement irrégulier de brèves, qui se produit sous l'influence du temps fort principal, deviennent alors des faits inexplicables.

23. Les diverses formes du rythme. — La répétition d'un pied toujours identique deviendrait bien vite monotone. D'ailleurs le langage ne fournirait pas facilement les syllabes nécessaires. Aussi les anciens ont-ils imaginé plusieurs façons de varier le rythme.

1° On peut remplacer deux brèves par une longue :

$$- - = - \cup \cup$$

La brève étant par elle-même, autant que par opposition avec la longue, l'élément de la rapidité et du mouvement, le rythme s'alourdit et s'efface légèrement. Toutefois le rapport est resté le même entre le levé et le frappé, 1 : 1. Cette substitution est la seule permise dans les genres les plus élevés, tels que l'épopée.

2° On peut mettre deux brèves à la place d'une longue forte $\perp \cup \cup = \cup \cup \cup \cup$. Alors le rythme devient roulant; il est pour ainsi dire émietté. Le rapport du levé et du frappé, qui était d'abord $1 : \frac{1}{2} + \frac{1}{2}$, devient $\frac{1}{2} + \frac{1}{2} : \frac{1}{2} + \frac{1}{2}$ et entraîne par suite une opération supplémentaire, ce qui peut tromper l'oreille. Il serait possible en effet de supposer que $\cup \cup \cup \cup = \cup - \cup$, ce qui donnerait un rythme faux. Ce procédé ne peut être employé qu'à certaines conditions.

On évite, pour la même raison, les résolutions qui amènent une suite de plus de trois et surtout de plus de quatre brèves.

Ces substitutions peuvent donner deux formes rythmiques à un seul et même pied; par exemple un spondée qui remplace un dactyle ne se frappe pas comme s'il était mis pour un anapeste.

Spondée de mouvement dactylique :

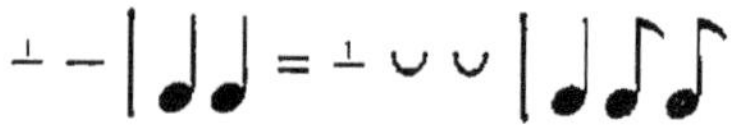

Spondée de mouvement anapestique :

Il y a de même un tribraque ïambique $\cup \cup \cup$ = $\cup \perp$ et un tribraque trochaïque $\cup \cup \cup$ = $\perp \cup$.

Le remplacement simultané d'une longue par deux brèves et de deux brèves par une longue peut amener un rythme renversé. Ainsi — ◡ ◡ = ◡ ◡ —. Cette licence n'est permise également qu'à certaines conditions.

24. — Ce qui constitue essentiellement le rythme, ce n'est pas seulement la mesure, qui est quelquefois négligée, mais le rapport du levé au frappé. Ainsi la confusion de la partie faible et de la partie forte, qui serait admise dans la musique moderne, doit toujours être indiquée dans le rythme ancien. Il est interdit de remplacer un ïambe ◡ — ♪ ♩ par un trochée — ◡ ♩ ♪, quoique ces deux pieds soient de mesure égale, parce que le rapport 1 : 2 est remplacé par le rapport 2 : 1. Cette sorte de syncope n'est pas usuelle chez les anciens.

CHAPITRE IV

LE RYTHME GRAMMATICAL
SES RAPPORTS AVEC LE RYTHME MUSICAL

25. Qualités du rythme proprement dit. — Le rythme
d'un pied n'est pas toujours identique à lui-même; il peut
présenter des formes plus ou moins parfaites.

1. Le rythme est *pur* ou *parfait* quand le pied reproduit
la forme fondamentale : ainsi le dactyle et l'ïambe sont des
pieds purs dans les mètres dactyliques et ïambiques.

2. Le rythme est *indifférent* quand le pied ne renferme que
des longues ou des brèves (— —) (∪ ∪ ∪). C'est alors le frappé
seul qui fait sentir le mouvement : rythme descendant
⊥ — = ⊥ ∪ ∪; ascendant ∪ ∪ ∪ = ∪ ⊥.

3. Le rythme est *imparfait* ou *impur* quand le rapport
de la partie forte à la partie faible n'est pas nettement marqué; c'est ce qu'on trouve dans la dipodie ïambique dont le
premier pied peut avoir quatre temps. — ⊥ | ∪ ⊥.

4. Le rythme est *faux* quand on renverse le rapport du
levé au frappé, qui est le caractère fondamental du pied. Si,

par exemple dans un vers ïambique, on remplace l'ïambe par un trochée, au rapport 1 : 2 on substitue le rapport 2 : 1. Cette faute doit être rigoureusement évitée. Il faut que le levé et le frappé ne puissent pas être confondus.

26. Le rythme ou mouvement grammatical. — Il ne faut pas considérer simplement le rythme d'une façon abstraite, c'est-à-dire au point de vue musical. Dans les vers, les temps qui forment le rythme ne sont pas seulement des sons plus ou moins longs ; ce sont des *syllabes*, qui elles-mêmes forment des *mots*, séparés par des coupes ou pauses légères qu'on perçoit naturellement. Or la disposition des mots dans les pieds n'est aucunement indifférente. Si l'on construit un vers de façon que chaque pied commence et finisse avec un mot, on obtient un rythme extrêmement sensible, comme dans cette série dactylique :

Omnibus | omnibus | omnibus | omnibus | omnibus | omnes.

Si, au contraire, on coupe les pieds entre deux mots comme dans le vers :

Sole ca | dente ju | vencus a | ratra re | liquit in | arvo,

l'oreille, guidée instinctivement par la coupe des mots, peut saisir un rythme dont le type serait ∪ − ∪.

Quand il y a plus de trois brèves ou plus de trois longues de suite, la coupe des mots peut ou marquer sensiblement le commencement et la fin des pieds, ou empêcher de les distinguer nettement : elle peut donc ou aider ou combattre le rythme proprement dit. Cette disposition des mots constitue le *mouvement grammatical* dont les lois sont absolument analogues à celles du mouvement rythmique.

1° Le mouvement grammatical est *pur* quand il facilite le sentiment du rythme en séparant ce qui doit être séparé, c'est-à-dire en marquant les limites des pieds successifs par une coupe initiale ou finale, ou par l'une et l'autre, par exemple dans les spondées

| formo | sos
for | mosos |
| omnes | .

2° Il est *indifférent* quand le pied ne présente aucune coupe, comme dans le spondée

o | blectan | tur.

3° Il est *imparfait* quand le pied renferme une coupe médiale qui en détruit l'unité, et risque de faire rattacher les syllabes aux mots précédents et suivants, dont elles doivent être rythmiquement séparées. Tels sont le dactyle

for | mosa vi | rum

et le spondée

spar | sis has | tis.

4° Il est *faux* lorsqu'il tend à renverser le rapport normal du temps fort au temps faible. Si, par exemple, un tribraque dans un vers ïambique est représenté par les syllabes λἄβἒ πὄ ρον, l'oreille, rattachant naturellement les brèves dans le rythme comme elles le sont dans le langage, unira les deux premières et les séparera de la troisième. Elle entendra donc ⏜ ⏑ ou le − ⏑, c'est-à-dire l'équivalent du trochée qui ne peut pas remplacer un ïambe. Ce tribraque, interdit dans le mètre ïambique, est au contraire à sa place dans le genre trochaïque.

27. — Les pieds de rythme faux sont bannis par tous les poëtes. Cependant le mouvement grammatical faux a peut-être été toléré quelquefois par ceux dont l'art est le plus négligé, c'est-à-dire par les comiques.

28. Caractères communs du rythme et du mouvement grammatical. — Le rythme proprement dit et le rythme grammatical présentent donc trois formes semblables :

1° Une forme *positive*, représentée par le pied pur ou par une coupe initiale ou finale, et que nous marquerons par + 1 ;

2° Une forme *indifférente*, amenée par l'uniformité des brèves ou des longues ou l'absence de coupe, qui vaudra 0 ;

3° Une forme *négative*, due à une quantité anormale ou à une coupe intérieure, que nous désignons par — 1, et qui est la plus imparfaite.

29. Rapport du rythme musical et du rythme grammatical. Structure intérieure des éléments du mètre. — Les pieds ne s'emploient pas isolément : ils se joignent l'un à l'autre pour former des combinaisons de longueur variable, qui sont les κῶλα ou *membres* de la période métrique. La structure intérieure de ces éléments, pour être à la fois solide et élégante, a dû être soumise à des règles précises, qui déterminent le rapport des pieds et des mots, c'est-à-dire de la forme rythmique proprement dite avec le langage qui la revêt.

30. Lois de la compensation. — Les constructions artistiques ne sont que relativement parfaites, parce que l'artiste est obligé d'employer des éléments matériels d'une valeur fort diverse. Il ne lui est pas toujours facile d'éliminer les moins satisfaisants, parce qu'il s'imposerait des difficultés qui souvent rendraient l'art impossible. Mais on peut faire passer les uns à la faveur des autres. Le musicien admet parfois des sons discordants, des dissonances, qu'il *sauve* par le voisinage d'un accord plus parfait ; l'orateur, le poète, savent se servir des mots les plus choquants en les relevant par l'emploi simultané d'une heureuse expression. Les poètes ont de même racheté l'un par l'autre les pieds de valeur inégale que fournit naturellement le langage. Ils ont établi ainsi à l'intérieur des hémistiches un rythme de beauté moyenne obtenu par la loi de *compensation*. Ainsi donc, à l'intérieur des membres du vers, *les pieds de valeur négative doivent être compensés par des pieds de valeur positive*. Les pieds trop négatifs (-2) sont évités dans un art soigné.

Pour appliquer cette loi, il suffit de marquer la valeur de deux pieds consécutifs d'après les indications données plus haut. Le total ne devra pas être négatif, mais il peut être variable. Exemples tirés du rythme dactylique :

ὕβριος | εἵνεκα |

deux dactyles (1 + 1), deux coupes positives (1 + 1) ;

donc : $1 + 1 + 1 + 1 = 4$.

ὕβριος | αὐτῆς |

un dactyle, un spondée (1 + 0), deux coupes positives (1 + 1);

donc : $1 + 0 + 1 + 1 = 3$.

εὐρυφυ | ὲς χρῖ | λευκόν |

deux spondées (0 + 0), une coupe négative (— 1)
et deux coupes positives (1 + 1);

donc : $= 0 + 0 — 1 + 1 + 1 = 1$.

ἀν | δρῶν ἀλ | φηστά | ων

deux spondées (0 + 0), une coupe négative (— 1);

donc : $0 + 0 — 1 = — 1$.

εὐρυφυ | ὲς λευ | κόν χρῖ

deux spondées (0 + 0), deux coupes négatives (— 2)
et une coupe positive (+ 1);

donc : $0 + 0 — 2 + 1 = — 1$.

Les deux premières dipodies sont les meilleures et les
plus fréquentes. Les deux dernières sont très imparfaites;
aussi sont-elles évitées par les poètes, surtout à la fin des
vers.

31. Lois de la dissimilation. — Les poètes n'ont aucunement cherché à donner aux pieds des vers la plus haute valeur
possible, en y rassemblant exclusivement tous les éléments
positifs du rythme. Ni un édifice très géométriquement régulier, ni une statue de proportions très exactes, mais sans
variété dans l'attitude, ni une mélodie composée d'intervalles
toujours identiques, ni une période composée de syllabes et
de phrases toujours égales et également nombreuses, ne sont
des créations d'un art véritable. De même un rythme parfait
serait non seulement difficile à obtenir, mais insupportable à

entendre, parce que la perfection continue ennuie. Or les éléments de variété du rythme sont :

1º L'opposition des brèves et des longues, ou des pieds purs et des pieds non purs.

2º Le contraste entre les différentes coupes. De là cette règle : Dans deux pieds consécutifs, il doit toujours y avoir un élément de diversité.

Ainsi : ὕβριος | αὐτῆς | renferme deux coupes identiques, mais oppose au dactyle, pied pur, le spondée, pied effacé.

Πάντων | ἀνδρῶν | produit à la fois l'uniformité du rythme et de la coupe, et par suite ne peut trouver place que dans un vers négligé.

Les lois de la compensation et de la dissimilation correspondent à deux idées générales qui président à tous les arts. Il y a d'abord un principe de régularité qui établit le nombre, puis un principe de dissimilation qui combat la monotonie. C'est ainsi qu'on obtient la variété dans l'unité ; le secret de l'art est de faire sentir la mesure sans la marquer.

32. Le mètre. Caractère de la césure. — La réunion de plusieurs *côla*, toujours séparés par une coupe grammaticale, constitue le *mètre*. Ces éléments ne sont point assemblés au hasard. Si en effet ils avaient tous la même longueur et le même nombre de temps, on ne saurait jamais où finit la série métrique : c'est comme si, dans un alexandrin français, on faisait perpétuellement rimer l'hémistiche avec la fin du vers. Il importe donc que les parties antérieures du vers diffèrent de la fin qui renferme la *clausule*; et cette dissemblance est obtenue au moyen de la coupe grammaticale qui les termine. Cette coupe s'appelle césure (τομή, *incisio*, *cæsura*). La césure est donc une coupe entre deux *parties du discours* qui établit une dissimilation entre la fin de la série métrique et ses différents membres ; ou plus précisément, *c'est une coupe grâce à laquelle la syllabe finale de chaque membre n'occupe jamais dans le pied la même place que la syllabe finale du vers.*

Voici des exemples tirés d'hexamètres dactyliques :

Sparsis | hastis | longis | campus | splendet et | horret.
– – | – – | – – | – – | – ∪ ∪ | – –

Quæ videt | æque | cetera | per simu | lacra le | onum.
– ∪ ∪ | – – | – ∪ ∪ | – ∪ ∪ | – ∪ ∪ | – –

Arma vi | rumque ca | no || Troj | æ qui | primus ab | oris.
– ∪ ∪ | – ∪ ∪ ⊥ | – | – | – ∪ ∪ | – –

Aut ali | quis latet | error || e | quo ne | credite | Teucri.
– ∪ ∪ | – ∪ ∪ ⊥ ∪ | ∪ – – | – ∪ ∪ | – –

Dans tous ces vers la syllabe finale se termine avec le 4ᵉ temps du dernier pied, parce que la syllabe finale d'un vers est toujours longue. Donc la finale de l'hémistiche ne pourra pas avoir cette place au 3ᵉ pied. Il n'y a donc pas de césure dans les deux premiers vers, parce que *is* de *longis* et *a* de *cetera* représentent le 4ᵉ temps d'un pied. Au contraire l'*o* de *cano* qui finit avec le 2ᵉ temps, et la finale *or* de *error* qui représente le 3ᵉ temps d'un pied, forment des césures régulières.

33. — La césure forme un contraste rythmique en même temps que grammatical. Au pied formé par les dernières syllabes, qui est un spondée ⊥ –, elle oppose à l'hémistiche soit un pied du même genre, mais de frappé contraire ∪ ∪ ⊥, comme dans le 3ᵉ vers, soit un pied de genre différent, trochée ⊥ ∪ ou péon ∪ ∪ ⊥ ∪, comme dans le 4ᵉ.

34. Différentes espèces de césures. — La meilleure des césures est celle qui établit le contraste le plus frappant entre la fin du vers et la fin de l'hémistiche. Or l'opposition entre deux pieds de mesure semblable, quoique frappés différemment, étant moins sensible que l'opposition entre deux pieds de mesure différente, la césure du 4ᵉ vers est supérieure à celle du précédent.

La césure est *masculine* quand elle suit une syllabe forte, c'est-à-dire marquée du temps fort. Elle est féminine quand elle suit une syllabe non intense. Les 3ᵉ et 4ᵉ vers cités donnent des exemples de ces deux sortes de césures.

On donne une définition bien incomplète de la césure quand on dit qu'elle partage les temps forts du vers de façon à donner un rapport simple et facilement saisissable. En effet, les vers cités plus haut ont leurs temps forts divisés en 3 + 3 par une coupe, et cependant les deux premiers n'ont pas de césure.

35. La coupe et la césure. — On ne doit pas confondre les césures avec les coupes. Dans le 3ᵉ vers, il y a plusieurs coupes, par exemple après *arma* et *virumque*, mais ce ne sont pas des césures. Toute césure est une coupe, mais l'inverse n'est pas vrai. La césure doit être à peu près au milieu du vers, et amener la dissimilation des hémistiches.

Il ne faut pas croire non plus que la césure soit toujours une pause accompagnée d'une ponctuation. Le repos de l'alexandrin n'est aucunement après *depuis* dans ce vers de Racine :

Qui depuis.... Rome alors admirait leurs vertus.

De même, la césure n'est pas davantage après *ego* dans ce vers de Virgile :

Quos ego...! Sed motos | præstat componere fluctus.

36. — Un vers n'a qu'une césure. Si parfois on trouve deux coupes qui répondent aux conditions voulues, une seule forme réellement la césure. Les césures multiples qui partagent le vers en plus de deux parties sont des inventions modernes. Les métriciens anciens ne reconnaissent dans le vers que deux hémistiches. Mais on peut avoir à choisir entre deux césures, comme on peut dans une phrase moderne se décider entre deux ponctuations également rationnelles.

37. — La césure ne partage jamais le vers en deux parties égales, puisqu'il n'y aurait ainsi aucune dissimilation. Elle recule vers le commencement du vers plutôt qu'elle n'avance vers la fin. En prose, la proposition qui termine une période oratoire ne doit pas être écourtée, mais plaire à l'oreille par une certaine étendue : le vers, qui est une phrase poétique, est soumis aux mêmes règles. La césure avancée de plus d'un temps est une imperfection rythmique; aussi est-elle moins fréquente que les autres.

La césure deviendrait très monotone si le mètre n'avait pas une certaine longueur. Elle ne paraît être nécessaire que dans des vers qui ont au moins 16 temps.

38. Nature prosodique de la césure. — Le repos qui forme la césure ne se trouve pas à proprement parler entre les mots si on les considère à la façon moderne, mais entre les parties du discours (*partes orationis*). En français, par exemple, on ne peut pas faire sentir une pause métrique entre les deux parties de *en fer* ou de *pour boire*. Il y a donc lieu de préciser les conditions nécessaires pour que la césure soit légitime.

D'abord les enclitiques et les proclitiques se rattachent soit au mot qui précède, soit au mot qui suit; ainsi αὐτός γε, ἄκουσόν μου, εἰς αὐτόν, οὐκ αὐτῷ, et en latin *in ménsam*, *omnésque*, ne forment pas deux mots, mais toutes les syllabes de ces locutions dépendent d'un seul et même accent, d'où il suit que la coupe ne peut être placée qu'avant le proclitique ou après l'enclitique.

Il y a en grec des mots qui ne vont jamais seuls, et ne peuvent être compris qu'avec le secours du mot voisin. Les uns se rattachent plutôt au mot précédent, tels sont γὰρ, μὲν δὴ, ἄν, qui ne peuvent se trouver au commencement d'une phrase; d'autres se rattachent de préférence au mot suivant, comme οὐ, μὴ, καί.

La règle toutefois n'est pas rigoureuse, et quelquefois ἄν par exemple, ou γάρ, composé de γε enclitique et de ἀρά qui est plutôt proclitique, se joignent indifféremment à ce qui précède ou à ce qui suit. Ces mêmes mots, précédés d'un autre monosyllabe de même nature, peuvent se réunir à lui : ὡς γάρ, πρὸς τόν, οὐκ ἄν, μὴ πρός.

Il y a des expressions toutes faites, telles que εὖ πράττειν, dont, malgré l'accent, on ne sépare pas, à vrai dire, les deux termes.

Un monosyllabe accentué peut terminer le vers ou l'hémistiche; mais cette clausule est plutôt évitée que recherchée, parce qu'une syllabe a l'air de se détacher du reste de la phrase, qui finit trop brusquement.

39. — L'élision d'une voyelle ne supprime aucunement la césure :

οὐλομένην, ἢ μυρί᾽ ‖ ᾿Αχαιοῖς ἄλγε᾽ ἔθηκεν.

(Hom., *Il.*, I, 2.)

Mais la voyelle ne doit pas être longue, car elle amènerait une synalèphe qui empêcherait de faire sentir une pause entre les hémistiches.

Les poètes latins ont pris la liberté, jusqu'au siècle d'Auguste, de placer une coupe après un mot qui se rattacherait plus naturellement à un autre. Horace use de ce procédé même entre deux vers. Ex. :

Publica materies privati juris erit, *si*....

(*Art poét.*, 131.)

Carmine perpetuo celebrare *et*....

(*Od.*, I, vii, 6.)

Virgile forme souvent la césure avec la particule *et* :

Ignavæque fame et | contracto frigore pigræ.
Tantus amor florum et | generandi gloria mellis.

(Virg., *Géorg.*, IV, 205, 259.)

Il est possible que la voyelle de *et* n'ait pas été prononcée, comme celle de *est* dans *bonast*. La coupe, coïncidant avec une élision à rebours ou aphérèse, serait ainsi placée avant le proclitique. Les poètes postérieurs évitent ordinairement cette anomalie prosodique.

40. Divisions du mètre. Les *vers* et les *systèmes*. — Il y a deux sortes de mètres. Les uns n'ont que deux *cola*, ce sont les *vers*; les autres en ont davantage et s'appellent *systèmes*. Les uns n'ont qu'une césure, les autres plusieurs.

Les vers ne dépassent pas la valeur de huit pieds; ils sont

suffisamment courts pour être écrits en une ligne (*versus*, de *vertere*), et c'est de là qu'ils tirent leur nom.

Les deux parties du vers séparées par la césure s'appellent hémistiches ou demi-vers (ἡμιστίχιον). Il faut observer que, précisément en vertu de la dissimilation, elles ne sont jamais rigoureusement égales.

41. — Les systèmes se trouvent dans les poètes lyriques, et aussi dans les poètes dramatiques, où, à cause des évolutions du chœur qui les chantait, ils prennent le nom de strophes et d'antistrophes. Ils ne peuvent être écrits sur une seule ligne à cause de leur longueur, et ils sont souvent disposés d'une manière variable par les divers éditeurs des poètes, parce qu'il y a plusieurs façons de réunir les différentes parties qui les composent. Ordinairement on donne à chaque membre un nombre égal de temps, et l'on est amené ainsi à couper un mot entre deux lignes. C'est comme si l'on écrivait ce vers de Virgile de la façon suivante :

Aut aliquis latet error ; e–

quo ne credite Teucri.

Cette habitude paraît abusive, puisqu'elle détruit précisément la dissimilation établie par la césure.

Les systèmes présentent souvent des rythmes compliqués, mais qui étaient soutenus autrefois par la marche ou la mélodie. Nous connaissons mal ces deux éléments, c'est pourquoi l'étude de ces formes est devenue aride et souvent peu fructueuse pour les modernes.

42. — Si l'on compare la prose à la poésie, et la grammaire à la métrique, on voit qu'à la notion abstraite de rythme correspond l'idée générale de langage ; les temps sont les lettres, qui à elles seules ou par leur réunion forment les brèves et les longues ; les pieds sont les mots ; les membres de vers équivalent aux membres de phrases ; le mètre, c'est la phrase, qui comprend le vers, phrase ordinaire, d'une longueur modérée, et le système, période plus étendue et plus complexe.

43. Noms et formes des différents vers. — Pour nommer les différents mètres anciens, on compte d'abord les pieds simples ou composés en commençant par le commencement, et en prenant le dernier pied complet ou incomplet pour une unité ; puis on compose un adjectif à l'aide du nombre grec ainsi obtenu et du mot *mètre* pris dans le sens de pied ou mesure. On obtient ainsi des *monomètres, dimètres, trimètres, tétramètres, pentamètres, hexamètres* ; le mot *vers* est sous-entendu devant ces adjectifs. Les Latins ont gardé pour les ïambes et trochées, où ils comptent chaque pied à part, les qualifications de *sénaires, septénaires, octonaires*, qui signifient vers de six, sept ou huit pieds. A l'adjectif ainsi formé on ajoute un autre adjectif qui indique le pied fondamental du rythme : *dactylique, ïambique, trochaïque.*

44. — Si le dernier pied du vers est complet, le vers est *acatalecte* (ἀκατάληκτος), sinon il est *catalectique*. Le vers est *brachycatalecte* lorsque la dernière mesure composée est réduite de deux pieds à un ; il est *dicatalecte* quand il y a non seulement à la fin, mais encore au milieu, un pied incomplet ; il est *hypercatalecte* quand une syllabe ou un pied incomplet s'ajoutent au dernier pied complet.

Hexamètre ïambique acatalecte :

Phase |lus il | le quem | vide | tis hos | pites.

(CATULLE, IV, 1.)

Trimètre ïambique acatalecte :

Ὦ τέχνα Κάδ| μου τοῦ πάλαι | νέα τροφή.

(SOPH., *Œd. R.*, 1.)

Dimètre ïambique catalectique :

Ἐρασμίη | πέλει | α.

2 *l.*　　3 *l.*

(ANACRÉON, xv, 1.)

Lorsque le dernier pied est incomplet, la valeur qui lui manque est reportée sur la longue pénultième, qui prend ainsi, en *musique*, une valeur de 3 temps dans le genre double et de 4 temps dans le genre égal. Cf. un exemple § 59, I. Le vers conservait ainsi dans son ensemble la même durée que s'il eût été complet.

Dimètre anapestique catalectique :

Ἕιλετο χώρας ἐφορεύειν.

2 *l.*　　4 *l.*

(ESCHYLE, *Pers.*, 7.)

Le vers est *asynartète* (ἀσυνάρτητος), quand il renferme deux parties indépendantes l'une de l'autre : la finale de la première peut être indifférente et ne s'élide pas nécessairement devant la voyelle initiale de l'autre.

Lorsqu'un vers paraît dépasser d'une syllabe les vers précédents ou suivants, il est dit *hypermètre*. Ce n'est là qu'une apparence, car alors les deux dernières syllabes sont contractées de façon à n'en former qu'une, ou bien la der-

4

nière s'clide devant la voyelle initiale du vers suivant. Ex. :

Hexamètres dactyliques.

Quin | protinus | omnĭă
Perlegerent oculis...
Aut dulcis musti Vulcano decoquit umor*em*
Et foliis undam.

(Virg., *Én.*, VI, 33; *Géorg.*, I, 295.)

45. Importance de la classification antique des mètres.
— Les noms techniques des vers peuvent avoir de l'importance au point de vue rythmique, que nous n'avons pas à
étudier. Ils n'en ont aucune au point de vue de la structure
grammaticale, partie essentielle de la métrique. Les modernes
admettent volontiers que le dactyle et le trochée sont les pieds
employés primitivement dans le genre égal et le genre double.
Cela n'est vrai que des premiers. Les plus antiques traditions
nous montrent le dactyle comme antérieur à l'anapeste. Mais
le trochée est postérieur à l'ïambe, et cet ordre chronologique
est suivi uniformément dans tous les traités grecs et latins.
De plus les métriciens prennent soin de ramener les principaux vers anapestiques et trochaïques aux types dactylique et
ïambique. Cette dérivation est naturelle ; car les vers dont on
part se terminent par un pied complet, tandis que les autres
sont catalectiques, ce qui donne aux premiers un caractère
plus conforme aux créations primitives ; et elle est d'autant
plus vraisemblable que les vers anapestiques et trochaïques
les plus usuels sont formés par l'adjonction à un vers dactylique ou ïambique très ancien d'une quantité rythmique
absolument analogue, et que d'autre part la césure n'est pas
sensiblement déplacée, bien que le vers soit devenu plus long.

Enfin la structure grammaticale des dactyles et des ïambes, très conforme aux lois naturelles du rythme, devient une énigme si l'on scande les anapestes et les trochées en tenant compte de leur nom et en commençant par un pied complet. Il faut donc les scander en commençant par la fin. Cette méthode a d'ailleurs l'avantage de simplifier l'étude des mètres secondaires, puisqu'il suffit pour les connaître d'ajouter quelques syllabes au mètre primitif. (Voir §§ 131 et 150.)

46. Les finales métriques. — La dernière syllabe d'un vers, disent les grammairiens, est indifférente (ἀδιάφορος), c'est-à-dire qu'elle est toujours entendue longue, quelle que soit sa quantité dans le langage ordinaire. Ainsi, l'*a* final de *templa*, quoique prosodiquement bref, sera métriquement long à la fin du vers.

C'est là l'effet d'une loi musicale. Lorsque, à la fin d'une série rythmique, la voix s'arrête brusquement, il se produit un effet choquant : le rythme n'a pas toute sa plénitude. Cet allongement musical existe chez nous, et souvent aux dépens de la prononciation naturelle. A la fin d'un vers, par exemple, on chante même sur deux *noires* les deux syllabes d'un mot tel que *homme*, bien que la deuxième syllabe ait naturellement une durée bien inférieure à celle de la première. De là une prononciation bizarre : *gloi-rē*, *patri-ē*, contre laquelle bien des écrivains se sont élevés, mais sans nous donner le moyen de la corriger.

La syllabe finale de l'hémistiche, qui est aussi une série rythmique, est jusqu'à un certain point indifférente. Mais ici l'allongement est beaucoup plus rare, et ne se produit généralement que par l'action du temps fort et d'une ponctuation bien marquée.

Un vers se termine régulièrement avec un mot. On ne partage un mot entre deux vers que très rarement et quand on ne peut pas faire entrer autrement un nom propre dans le vers :

Ἦ μέγ' Ἀθηναίοισι φόως γένεθ', ἡνίκ' Ἀριστο-
γείτων Ἵππαρχον κτεῖνε, καὶ Ἁρμόδιος.

(Simonide, Ep. 131.)

47. Caractère de la clausule. — La partie la plus parfaite d'un rythme ou d'un nombre est toujours celle qui se trouve à la fin de la série. Le haut d'un monument est toujours mieux travaillé que l'escalier, qui n'a pas nécessairement de caractère. Dans une colonne, le chapiteau reçoit des ornements particuliers qui font reconnaître l'ordre d'architecture ; la base est plus négligée. En musique, les dernières mesures ramènent la partie fondamentale de la mélodie, c'est-à-dire la tonalité. De même, dans un vers, le dernier pied devra être aussi parfait que possible. Si la longueur nécessaire de la finale du vers s'y oppose, c'est le pied précédent qui autant que possible doit être pur.

Par conséquent, un vers ne finit pas ordinairement par trois longues. Cette négligence est tout à fait interdite dans le genre double, précisément parce qu'elle amènerait une mesure fausse à la fin du vers. L'observation de cette règle permet souvent de distinguer les mètres du genre double de ceux du genre égal.

48. Rythmes renversés. — Il y a des vers de rythme *continu*, c'est-à-dire dont le mouvement continue toujours dans le même sens, et des vers de rythme *renversé*, dans lesquels la mesure est d'abord régulière et ensuite frappée au rebours.

Exemples de rythme dactylique et ïambique renversé :

$$\perp - \mid \perp \cup \cup \mid \perp \parallel \perp \cup \cup \mid \perp \cup \cup \mid \perp$$

$$\cup - \ \cup \ \perp \ \mid \cup - \cup \ \perp \ \parallel \ \perp \ \cup - \cup \mid \perp -$$

Il est nécessaire alors que le pied qui indique le changement du rythme ait la forme pure ; dans les exemples donnés, si le pied qui commence le deuxième hémistiche était un spondée, l'oreille, qui suit instinctivement le mouvement commencé, pourrait le prendre pour un spondée anapestique ou ïambique. Ce mouvement renversé, difficile à saisir, demande à être indiqué nettement par la quantité elle-même.

Le changement de rythme, lorsqu'il se produit entre deux longues, est d'ordinaire marqué par une coupe.

49. L'*éthos* ou caractère moral des rythmes. — Des trois éléments principaux de l'art musical, la symphonie ou accord des sons, la mélodie ou suite variée des notes qui forment un chant, et le rythme, formé par la succession des temps forts et des temps faibles, les modernes ont visiblement une préférence pour le premier. Les anciens, au contraire, s'étaient attachés aux deux autres et surtout au dernier. « Le rythme est mâle, disaient les théoriciens, et la mélodie femelle. »

C'est pourquoi le rythme des modernes n'a ni la même importance ni le même caractère que celui des anciens. Chez nous, l'accord des sons et des instruments exige une mesure exacte : les temps forts sont espacés d'une même quantité, et le rythme est soumis à la mesure dont il se distingue ; car la série des durées qui le produisent n'est pas nécessairement comprise entre les barres de séparation des mesures, et, pour le plier à cette régularité, il est souvent nécessaire d'en varier l'allure. Chez les anciens, le pied est à la fois la mesure et l'unité rythmique : le rythme prend de la sorte un caractère beaucoup plus déterminé. Il s'ensuit qu'un rythme moderne peut n'être équivalent à aucune des formes admises par les anciens : quand on attribue, par exemple, à notre chant national le mouvement anapestique, on ne parle qu'en général et par à peu près. Inversement, le rythme antique n'est pas toujours susceptible de se bien plier à nos mesures : ainsi la dipodie ïambique, au moins dans le langage, est une mesure de $\frac{2}{4}$ ou $\frac{3}{4}$ suivie d'une autre à $\frac{3}{4}$: ce qui est assez contraire à nos habitudes musicales.

Si les anciens ont négligé les moyens d'obtenir l'accord rigoureux des mesures entre elles, en revanche ils considéraient comme essentielle la concordance parfaite entre le rythme et les syllabes des mots. Chez nous l'adaptation des paroles aux sons qu'elles représentent n'est pas soumise à des règles bien certaines : elles suivent souvent avec quelque peine le rythme musical. Les Grecs n'auraient sans doute pas toléré qu'on chantât une syllabe longue sur une note brève ou une brève sur une note longue; c'étaient ces syllabes mêmes qui indiquaient les durées; et c'est pourquoi la connaissance du caractère des rythmes peut se rattacher à la métrique aussi bien qu'à la rythmique.

50. — L'importance considérable du rythme dans les vers et dans la musique, et l'étude approfondie et répétée qu'en avaient faite les anciens, leur en avaient donné un sentiment des plus pénétrants. En ce qui concerne la mélodie, ils trouvaient que les diverses *harmonies* ou *tons* de la musique avaient un rapport avec le sentiment particulier que chacun d'eux pouvait inspirer à l'âme humaine : ce rapport n'a été nié que par quelques modernes, dont l'oreille est accou-

tumée à écouter autre chose. Les rythmes, plus importants que la mélodie, jouissaient à plus forte raison du même privilège. Grâce à leur précision relative et à leur emploi journalier, les principaux d'entre eux étaient non des entités mal déterminées, mais des êtres connus et familiers. Nous serions assez embarrassés pour nommer les nôtres : les pieds antiques ont tous des noms particuliers. Le rythme n'était plus un langage naturel exprimant vaguement certaines sensations ; c'était presque une véritable langue, dont les théoriciens avaient fait la grammaire complète, langue qui était non seulement sentie, mais comprise, et qui parlait à la fois au cœur et à l'esprit.

Cette propriété qu'avait le rythme de faire naître des sentiments particuliers constitue leur *éthos*, ou caractère moral. Les modernes qui ont voulu renchérir sur les données des anciens se sont permis quelquefois des inventions fantastiques : il y a tel vers où l'on a vu tantôt le mouvement des girouettes, tantôt l'allure des gondoles. La question est beaucoup plus simple. Pour en avoir une idée parfaite, il importerait sans doute d'entendre et de voir exécuter un rythme complet, c'est-à-dire reproduit à la fois sous la triple forme de la parole, de la musique et de la danse. Il n'est pas possible de procurer ce divertissement, surtout dans un livre ; mais on peut étudier l'éthos des rythmes par comparaison, à l'aide de figures graphiques représentant des mètres, et construites simplement d'après les indications des anciens.

51. — Le rythme, d'après les théoriciens grecs, repose sur deux éléments fondamentaux, la longue et la brève. L'une éveille en nous le sentiment du repos, de l'immobilité, l'autre celui de l'agitation et du mouvement : c'est le mélange

de ces deux principes opposés qui fait le caractère du rythme.
Le premier peut être représenté par une figure rectangulaire
qui, grâce à une assise solide, est l'image de la stabilité ; le
second, par une figure arrondie dont l'équilibre instable et
l'aspect roulant font le symbole de la mobilité. Ces figures,
qui ressemblent beaucoup aux signes qui indiquent les lon-

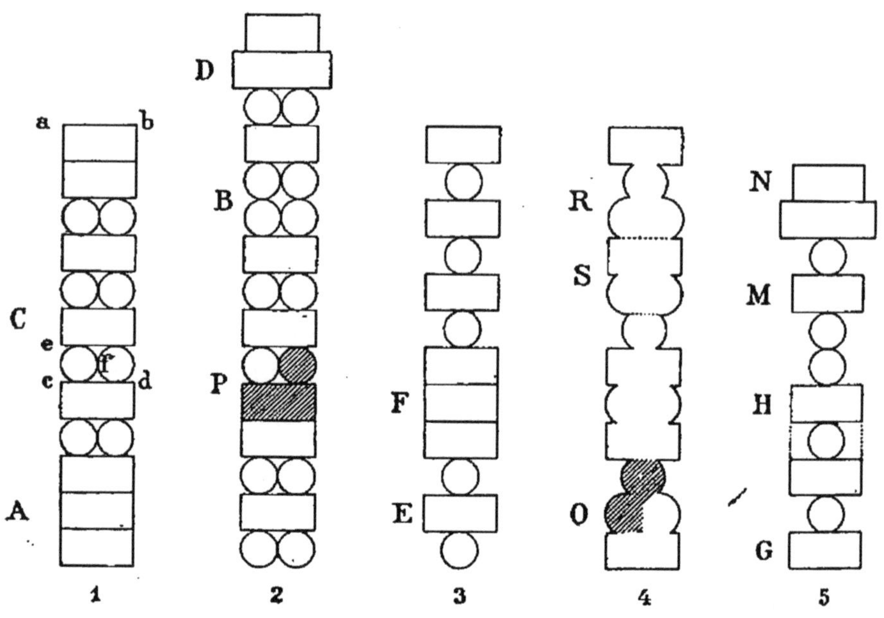

gues et les brèves, seront composées de façon à représenter les
pieds ou la succession des pieds, c'est-à-dire les mètres. On
ne donnera ici que quelques exemples pris parmi les types
les plus usuels.

52. — Au point de vue du mouvement initial, les rythmes,
selon qu'ils commencent par des longues ou par des brèves,
sont descendants ou ascendants. Les premiers (*fig*. 1) sont
régulièrement et solidement assis ; ils ont quelque chose
de ferme et de tranquille. Les autres et surtout l'ïambe
(*fig* 2 et 3) ont une base mobile ; le pied fondamental se tient

pour ainsi dire sur sa pointe; ces brèves ne semblent point reposer naturellement sur le sol, mais plutôt s'élancer vers la longue suivante. Toute la figure semble ainsi en mouvement. Les premiers ont donc un éthos plus calme, les autres sont les rythmes de l'entrain et de l'élan.

53. — A l'égard des *genres*, les constructions qui représentent des pieds de 4 temps (*fig*. 1 et 2) sont composées d'éléments qui se superposent directement; elles ont un caractère posé et sérieux; elles expriment la stabilité et la dignité. Les constructions du genre double (*fig*. 3 et 4) sont hardies et légères; mais, grâce à l'équilibre instable de leurs formes, elles ont un aspect fragile; l'allure générale a quelque chose d'inégal, de saccadé; leur mouvement est tournant, et la ligne médiale de la figure pourrait être une courbe aussi bien qu'une droite : aussi représentent-elles des rythmes propres à la danse. Elles manquent de stabilité, de gravité. Les premières éveillent le sentiment de la régularité, de la noblesse; les autres, celui de la fantaisie et de la familiarité.

54. — L'emploi continu des longues (*fig*. 1, A), images du repos, produit l'idée de la lenteur, de la majesté, mais aussi de l'immobilité; l'usage répété des brèves, éléments de la mobilité (*fig*. 2 B), amène un mouvement trop rapide et par suite confus et désordonné.

55. Adaptation des mètres aux sentiments. — L'examen des trois formes fondamentales, c'est-à-dire de l'*allure initiale* calme ou emportée, du *genre*, qui est noble ou familier, du mélange des longues et des brèves qui produit la lenteur ou la rapidité, permet de saisir dans les mètres antiques l'adaptation du mouvement du langage au mouvement de la pensée.

Les mètres du genre égal sont naturellement réservés à l'expression des idées nobles et élevées. Le rythme spondaïque leur donne l'aspect majestueux et solennel, analogue à celui des monuments égyptiens (*fig.* 1, A) : aussi est-il employé dans certains hymnes religieux. La répétition des brèves dans le haut de la figure B peindra la vivacité des sentiments nobles mais quelquefois désordonnés : tel est le mètre d'allure dactylique employé souvent dans les chœurs par Euripide, le plus pathétique des poètes. Le mélange heureux des dactyles et des spondées (*fig.* 1, C) donne à la construction l'allure forte et puissante, la noblesse élégante qui convient au langage de l'épopée.

56. — Le mètre anapestique (*fig.* 2) a quelque chose de plus libre, de plus vif et de plus varié ; il convient à l'expression des sentiments nobles et forts ; c'est le mètre des chansons guerrières et des chœurs tragiques ; c'est encore celui qu'emploie le poète comique lorsque, dans ses parabases, il entreprend de prêcher le peuple et de lui parler de choses sérieuses. Le haut de la figure (D) montre la *catalexe* (59, I) et nous fait voir pourquoi les anciens attribuaient à cette forme un caractère grave et solennel.

Les mètres du genre double s'appliquent à des idées plus simples et moins élevées. L'ïambe pur, rapide et brusque, (*fig.* 3, E), s'adapte aux attaques de la satire chez les ïambographes : alourdi par le spondée (F), il a la noblesse familière, la vivacité contenue du dialogue tragique. Mêlé de pieds très divers (*fig.* 4), il reproduit le laisser aller de la conversation journalière ; il se rapproche de la prose : tel est son emploi très naturel chez les poètes comiques.

57. — Le vers saphique (*fig.* 5) est un exemple de la fantaisie élégante de certains rythmes helléniques. Il se compose de trois mesures à 6 temps, dont la dernière est incomplète, et qui se présentent successivement sous la forme trochaïque (G H), choriambique (H M) et ïambique (M N). La rapidité du trochée, l'élan de l'ïambe, la gravité du spondée, le violent contraste formé par le brusque renversement du rythme dans le choriambe, permettent d'exprimer, à l'aide de ce mètre, les nuances fugitives des sentiments et la lutte violente des passions. Les rythmes de ce genre ont un caractère éminemment lyrique; ce sont ceux de Sapho et des poètes lesbiens.

58. — Il y avait donc, chez les anciens, une éducation rythmique d'une précision inconnue aux modernes. Ceux-ci ont porté leurs efforts principalement sur la science compliquée des accords. Fidèle à ses habitudes, l'art antique a cherché, comme toujours, à employer les moyens les plus simples pour produire les plus grands effets.

On a représenté les mètres par des figures très simples et purement géométriques. En leur donnant une forme moins abstraite, on arriverait peut-être à trouver plus d'un rapport entre l'art métrique et l'art de l'architecture.

59. — Comme les mélodies peuvent aider à faire mieux saisir la nature des mouvements rythmiques, on donnera ici quelques exemples très courts, tirés soit des rares fragments qui nous restent de la musique des anciens, soit de morceaux où les modernes se sont pliés à peu près à la régularité antique.

I

FRAGMENT D'UN HYMNE GREC AU « SOLEIL »

COMPOSÉ PROBABLEMENT AU SIÈCLE DES ANTONINS[1]

Rythme anapestique[2].

1. D'après la transcription de M. Gewaert, *Histoire et théorie de la musique dans l'Antiquité*, t. I, p. 144. Cf. Westphal, *Metrik*, I, *Suppl.* p. 57.

2. Telle est la reproduction moderne des rythmes antiques : mais il y a lieu de douter qu'elle soit bien fidèle.

NOTATION D'UN RYTHME IAMBIQUE

DANS LE PLAIN-CHANT

Vers ïambiques dimètres :

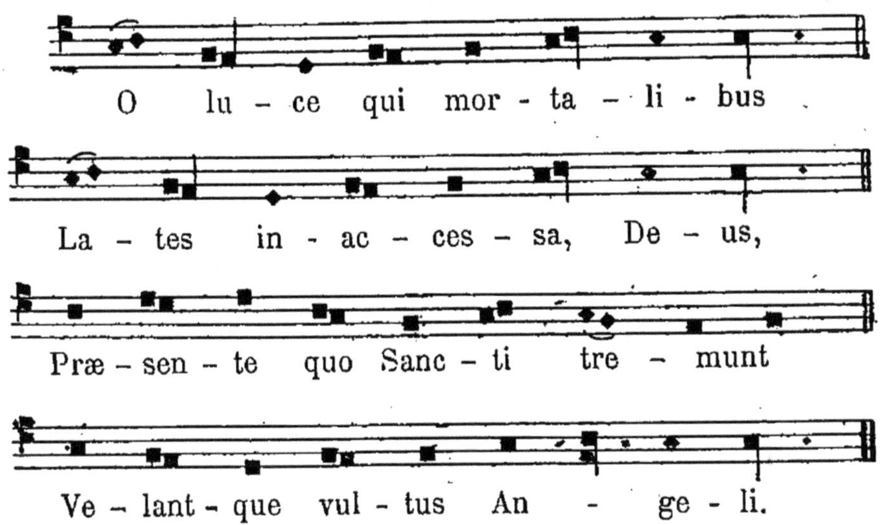

On observera que dans cette hymne, ainsi que dans beaucoup d'autres du même genre, le rythme à la fin du vers est marqué d'une façon courte et vive. La mesure s'allonge au contraire aux pieds pairs et surtout aux pieds impairs. Tels sont précisément les caractères du rythme des mots dans les vers latins populaires.

II

MUSIQUE MODERNE

Rythme dactylique.

Sonnerie militaire.

Chaque mesure de cette marche, qui n'est pas notée tout à fait selon les indications officielles, mais plutôt d'après un rythme auquel on a adapté des paroles, suppose deux mouvements alternatifs de chaque pied, ou deux pas; elle renferme deux temps forts, dont le premier est le mieux marqué. Elle donne par conséquent un exemple de la scansion par *dipodie* si usitée chez les anciens.

III

Rythme anapestique.

IV

Rythme ïambique.

(DONIZETTI, *Lucie de Lammermoor.*)

V

Rythme trochaïque.

(STRAUSS, *Les Feuilles du matin*, valse.)

60. — L'emploi de figures géométriques permet de vérifier facilement les lois du mouvement grammatical. Ainsi la ligne qui termine le vers (*fig* 1, *a b*) et celles qui marquent les coupes principales ou césures (*c d, e f d*) ne sont jamais symétriques. On reconnaît la dissimilation des hémistiches. Pour le reste, il faut partir de ce principe des anciens que le rythme est une *forme* dont le langage est la *matière*. Le mètre sera donc représenté par le contour des figures (*fig.* 4), la cadence grammaticale par les mots ou pierres qui ont servi à la bâtir, et qu'on pourra, pour plus de clarté, indiquer alternativement par deux teintes différentes. On verra ainsi, par exemple, que le dactyle *cena datur* est légitime dans le genre double (*fig.* 2 P), où la séparation des couleurs est normale; mais, à une certaine disposition inégale des tons (*fig.* 4 O), on reconnaîtra facilement qu'il n'est pas à sa place dans le genre ïambique. Le haut de la figure 4 (R) nous fait voir un péon $\cup \cup \cup -$ = καθ'ἱερῶν précédé d'un anapeste (S) $\cup \cup -$ = ὀμόσαι. Si l'on prend isolément cette partie de la figure, on ne peut plus reconnaître le *genre* de la construction : le rythme ïambique n'est donc plus sensible et la combinaison est fautive. La superposition des mêmes éléments répétés enlèverait toute variété à l'ensemble. Le défaut ou l'excès de régularité dans la figure pourra ainsi indiquer d'une façon graphique toutes les imperfections du rythme.

CHAPITRE V

LA PROSODIE NATIONALE DES ROMAINS

61. Caractère particulier de l'imitation métrique. — Les vers latins étaient une imitation des vers grecs : c'est un fait admis par tout le monde. Cependant les premiers ne ressemblent point aux derniers : l'œil le moins exercé reconnaît immédiatement certaines différences. Pourquoi la copie n'a-t-elle pas été parfaite ? La solution de cette question est le fondement de l'étude de la versification latine.

Les poètes latins cherchaient sans doute à reconstruire dans leur langue et de leur mieux les édifices métriques des Grecs. Si un architecte voulait imiter un temple hellénique dans un pays où il n'aurait à sa disposition, par exemple, que des pierres sphériques, il est probable que l'aspect superficiel tout au moins serait sensiblement modifié. De même, dans un certain jeu de patience, on construit assez facilement un carré à l'aide de morceaux triangulaires taillés régulièrement; mais si pour cette construction on est obligé d'employer des triangles irréguliers, non seulement les lignes d'intersection ou *coupes* de la figure doivent changer de place, mais encore il peut se faire que la construction pèche nécessairement par certaines parties, pour cette raison que le problème est impossible à résoudre. Or les Romains, en imitant les figures

métriques des Grecs, ont été obligés de se servir de matériaux
prosodiques différents, qui ne sont autres que les mots latins.
De là dans la construction des mètres certaines imperfections,
et de plus une différence dans les coupes des vers. La métrique a été modifiée par l'adaptation d'une prosodie qui
n'est plus la même. L'art grec subit nécessairement certaines
transformations, quand il fut soumis à cette sorte de culture
forcée sur un sol étranger.

62. Le rythme apparent et le rythme parlé. — Mais
en quoi les matériaux prosodiques, c'est-à-dire les mots latins,
étaient-ils mal appropriés aux constructions qu'on voulait
imiter? Ces mots, à l'égard de l'écriture, ne disent rien de
plus ou de moins que les mots grecs. Le dactyle paraît ressembler au dactyle, le spondée au spondée; or, c'est là
précisément qu'est la difficulté. Peut-être la ressemblance
est-elle simplement orthographique; peut-être le langage
avait-il un rythme intérieur qu'on n'a pas assez cherché à
connaître.

Toutes les langues ont une sorte de prosodie cachée. La
nôtre a la sienne, qui consiste, non dans un changement de
quantité, mais dans une façon spéciale de compter les syllabes : c'est la prosodie qui repose sur la prononciation
ordinaire, celle qui supprime les *e* muets, réunit deux voyelles
en une seule syllabe (*lion*, *action*) et diffère par là de la
langue écrite, base de la versification savante. On peut l'appeler *populaire*, en ce sens qu'elle représente le langage du
public, car elle n'est répudiée ni par les personnes qui se
piquent d'une haute élégance dans le parler, ni même par
aucun académicien, fût-il auteur d'une grammaire. Toutefois elle a un caractère plus prononcé et plus exclusif chez les

gens peu instruits. Cette prosodie a bien son importance. D'abord elle est la clef d'une versification populaire, celle des chansonnettes par exemple, qui ne compte pas les syllabes d'après la méthode classique et officielle, mais qui n'en observe pas moins rigoureusement les règles métriques, et produit des rythmes d'une plénitude et d'une sonorité incontestables. Elle est employée inconsciemment, et malgré l'orthographe, par les jeunes gens auxquels on fait retourner des vers, et par les personnes peu éclairées qui cherchent à en faire ; c'est grâce à elle qu'on peut trouver des alexandrins de vingt-quatre syllabes apparentes :

L' lend'main donc, s'lon m'n hab'tud', v'là qu' j' mont' sur mon
[p'tit ch'val.

D'autre part elle a certainement une influence, qui n'a pas encore été bien étudiée, sur les vers savants. Si elle n'est pas observée dans certaines limites, le rythme, quoique régulièrement établi, peut choquer l'oreille. Un jeune Français, surtout du Nord, trouve souvent naturel de ne donner que onze syllabes à ce vers de Molière :

Vos *odes* ont un air noble, galant et doux.

C'est pour la même raison qu'au théâtre certains vers, assez faiblement rythmés, sont plus mal prononcés encore, et la mesure est complètement supprimée.

Si le vers est fait pour être chanté, la prosodie populaire garde toujours ses droits, bien qu'ils ne soient pas officiellement reconnus. Il est souvent choquant, en effet, de chanter sur le même rythme musical plusieurs vers consécutifs, ayant le même nombre de syllabes et pris au hasard dans un poète, si l'on ne prend soin de les arranger de quelque manière. On peut chanter à la rigueur sur un rythme ïambique :

Mais comme l'*e* muet de *blanches* est marqué d'un temps fort, de très jeunes enfants pourront instinctivement rétablir la concordance des sons forts et des syllabes fortes, du rythme musical et du rythme des mots, en prononçant *lueures blanch'* et *roses* ; et même, par une audacieuse correction philologique, ils articuleront, au mépris du sens grammatical, *des lueures*, parce que ce mot n'a qu'une syllabe dans la prononciation courante. C'est en vertu des mêmes principes qu'on a dû modifier les paroles adaptées anciennement à la musique de certains maîtres, et que l'art du poète n'est pas tout à fait le même que celui du librettiste.

63. Moyens de retrouver le rythme véritable de la langue latine. — Mais s'il importe, pour bien se rendre compte de nos rythmes, de connaître la prosodie intime de notre langue, dans quels ouvrages irons-nous chercher les renseignements nécessaires ? Assurément ce n'est point dans nos Traités de versification. On n'y parle jamais de la prosodie populaire, parce qu'on ne lui attribue aucun rôle dans les règles usuelles, et qu'on dédaigne, pour sa vulgarité, la versification qui en est issue. Le seul moyen de la connaître, c'est de parler la langue française.

Si le latin avait lui-même un rythme intérieur, il est facile de comprendre pourquoi les grammairiens ne nous en ont rien dit. Ces questions ne faisaient pas partie de l'enseignement, et l'on en ignorait la portée. D'ailleurs les métriciens latins, qui presque tous appartiennent à une basse époque, ne sont de véritables autorités que quand ils copient les Grecs; autrement leur science, qu'ils s'empruntent en se copiant mutuellement, ressemble bien plus à l'art grammatical de Noël et Chapsal qu'à la philologie de nos jours.

64. — Il faut donc arriver à parler le latin. Mais comment s'y prendre pour saisir le caractère propre du rythme et les finesses des intonations? Le rythme est un mouvement : c'est une chose vivante, qui ne peut être étudiée que chez les vivants. C'est pourquoi nous nous adressons aux descendants directs des Romains. Le latin vit encore, et il est parlé, quoique de façon diverse, en italien, en français, en espagnol. La phonétique des langues romanes est d'ailleurs solidement établie dans son ensemble : elle connaît le point de départ, le milieu et la fin de l'évolution qu'elle étudie. Or cette science nous montre que certaines syllabes latines ont persisté, tandis que d'autres se sont affaiblies ou sont tombées par l'effet de lois bien déterminées. Nous sommes donc autorisés à supposer que celles qui ont résisté le mieux étaient les plus fortes, et à établir ainsi une sorte d'échelle qui représentera la série variée et progressive des intonations latines.

On pourrait prendre pour base de cette étude l'une quelconque des langues romanes. Nous choisissons le français, parce qu'il vaut mieux parler de ce qu'on connaît à peu près que de ce que l'on connaît mal, et de plus parce qu'il diffère du latin plus sensiblement que plusieurs de ses congénères. Ayant perdu plus de lettres que l'italien, il nous montre mieux où était la faiblesse qui en a entraîné la disparition. Il ressemble pour ainsi dire à l'aiguille d'un baromètre, qui indique d'autant plus nettement les variations de l'atmosphère, qu'elle est plus longue et plus éloignée du centre qui la fait mouvoir.

65. — Toutefois le rythme roman n'est pas le rythme latin ; il n'est qu'un point de départ. Pour arriver à quelque certitude, il faut le suivre, à travers les âges, jusqu'à l'époque classique, ou même à une période antérieure ; et si nous le retrouvons avec ses caractères particuliers dans un certain nombre de mots très anciens, nous pourrons induire avec quelque vraisemblance qu'il existait dans tous les autres. Les monuments qui nous permettent de retrouver des traces de ce rythme à la période romaine sont les suivants :

1° Les témoignages directs des grammairiens, peu nombreux et se rapportant d'ailleurs à la basse époque de la latinité.

2° Les inscriptions et documents écrits concernant le latin vulgaire ; les exemples sont réunis méthodiquement dans le livre de Schuchardt, *Vokalismus des Vulgärlateins.*

3° Les vers des poètes latins réguliers de toutes les époques. On y trouve parfois des fautes contre la quantité ordinaire. Les grammairiens, lorsqu'ils rencontraient ces anomalies dans les grands poètes, les appelaient *métaplasmes.* Or, ces irrégularités ne sont aucunement des fautes réelles contre la langue ; elles rappellent certaines façons de parler admises par nos poètes du xviᵉ siècle ; elles représentent une prononciation usuelle, très conforme aux lois de la phonétique.

4° L'application des lois romanes explique souvent la formation préhistorique des mots latins. On a ainsi les deux bouts d'une chaîne dont le milieu doit être semblable aux deux extrémités. Ainsi l'abréviation très ancienne des finales longues a été constatée par la linguistique : elle se retrouve également dans les vers de la basse époque. L'affaiblissement de la syllabe qui suit la tonique dans les mots tels que *pópulus*, *tábula*, est à la fois très antique et très moderne. Ces faits ont dû par conséquent exister également à l'époque classique. Mais alors le rythme latin, qui a toujours été vivant, se dissimule sous les formes de l'imitation grecque, qui seules, pour nous, sont apparentes dans l'écriture.

C'est d'après cette méthode qu'il faut déterminer la valeur relative des syllabes, qui constitue le rythme du latin.

66. Les syllabes toniques en latin. — Le principe fondamental de la science romane est la distinction des syllabes accentuées et atones. Les premières ont tellement de consistance, que non seulement elles ne tombent pas, mais peuvent se dédoubler : *crédere* = *croire*. Ce sont elles qui gardaient le mieux leur quantité en latin. Une longue tonique ne s'affaiblit pas et reste toujours une longue.

Si le roman nous paraît dédoubler également les longues et les brèves toniques (*crédo* = *crois*, *pédem* = *pied*), il ne faudrait pas croire que le latin classique ait confondu ces voyelles. La distinction a persisté jusqu'à une époque très avancée, si l'on en juge soit par le rythme de la prose indiqué par les grammairiens, soit par les vers des poètes populaires. Dans les œuvres classiques, jamais une tonique brève ne fait l'office d'une longue.

67. Abréviation des longues atones. — Le roman nous montre une très grande différence dans le traitement des syllabes, selon qu'elles portent ou non l'accent. Les atones peuvent s'affaiblir et même disparaître. De plus, il n'y a pas de différence sensible entre les longues et les brèves.

Ce double caractère se retrouve dans le bas-latin. Les poètes laissent souvent échapper des fautes de quantité qui consistent le plus souvent à prendre une longue atone comme brève. Or il y a des exemples de cette prononciation à l'époque classique. On trouve abrégées :

1° Des finales dans *contră*, *frustră* (Ennius et Plaute), *supernă*, *infernĕ*, *palŭs* (Lucrèce et Horace) et dans les formes verbales terminées par *o* à partir de l'époque impériale (*laudandŏ*).

2° Des syllabes atones intérieurement longues : dans *orichalco* (ὀρείχαλκος).

3° Des atones initiales : *Orion* (Ὠρίων), *cŏrruptum* (Lucilius), *văcillante* (Lucilius et Lucrèce[1]).

On comprend que ces fautes, bien que conformes à la prononciation usuelle, se trouvent rarement chez les poètes proprement classiques, qui suivaient rigoureusement les préceptes scolaires de la quantité. De même nos classiques pèchent très rarement contre la numération des syllabes. Cette correction ne prouve rien quant au rythme intérieur de notre langue.

68. — Mais si l'on remonte à l'étymologie, le rythme latin, qui n'est plus gêné par l'imitation étrangère, montre une application plus générale des mêmes règles.

---

1. On trouvera un plus grand nombre d'exemples, et de toutes les époques, dans notre *Versification populaire des Romains à l'époque classique* (Paris, Hachette), p. 25 et suiv.

1º Une foule de mots de forme ïambique ont abrégé leur finale primitivement longue : *ită*, *benĕ*, *pută*, *modŏ*, *citŏ*, *volŏ*. Ce sont là des mots très usuels, et qui, pour cette raison même, reproduisent les tendances les plus naturelles de la prononciation. Aussi, même à l'époque classique, lorsqu'on chercha à donner de l'analogie à la quantité, on ne put remonter le courant populaire et prononcer *benē* comme on disait *pulchrē*. L'abréviation s'étendit d'ailleurs à toutes sortes de finales ; on trouve *compăr* à côté de *pār*, *clamăt*, *essĕt*, alors que la finale de ce mot est encore longue dans Ennius.

2º L'abréviation de l'atone intérieure ou initiale se trouve par exemple dans *pudībundus*, qui, venant de *pudēre*, devrait avoir la 2ᵉ longue comme *mirābundus*, de *mirāri* ; dans *colŭmella* pour *columnella* ; dans la forme antique *Clutĕmestra*, pour *Clytemnestra* ; dans *ăcerbus*, rapproché de *ācer*, *cănalis* (*cānna*) ; *săgacem* (*præsāgus*) ; *sŏporem* (*sōpio*) ; *fărina* (*fārra*), *mămilla* (*māmma*), *prŏpello*, *prŏfundo* : l'o du préfixe *pro* n'a pas dû être bref comme en grec, car il ne s'abrège point dans les mots purement latins, où il est tonique : *prōdeo*, *prōfero*. De tous ces faits on peut tirer une loi générale : *Il n'y a de vraiment longues en latin que les longues accentuées*; les longues atones, quoique différentes des brèves, ont une valeur inférieure qui les rapproche de ces dernières.

69. Valeur relative des syllabes. — Indépendamment de la distinction des toniques et des atones, le roman nous fait supposer dans le latin une hiérarchie entre les syllabes. Les longues accentuées sont évidemment au premier rang, mais la valeur des autres varie avec leur place dans le mot. Si l'on rapproche le mot français *bonté* de *bonitatem*, on reconnaît immédiatement qu'il y a une assez grande différence dans la prononciation des atones.

La plus faible syllabe d'un mot devait être en général l'atone intérieure immédiatement voisine de la tonique.

Il suffit pour s'en convaincre de comparer au latin *cálidus*, *frígidus*, *sanitátem*, *dormitórium*, les mots *chaud*, *froid*, *santé*, *dortoir*.

L'italien a formé de même *cáldo*, *fréddo*; mais, comme on le voit, il ne supprime pas les finales atones. On peut donc supposer que ces dernières avaient plus de solidité que les atones intérieures précédentes. Enfin les initiales latines ont persisté même chez nous, alors que les finales ont souvent été supprimées. Elles ont donc une valeur supérieure.

70. Faible valeur des atones intérieures. — Ces faits, qu'il est très facile de vérifier sur les monuments vulgaires de la basse époque, appartiennent également aux âges classiques. On remarque que la contraction du mot qui perd ainsi une syllabe se fait soit par *synizèse* ou réunion de deux voyelles, soit par la réduction en consonnes des semi-voyelles *j* et *v* (*i* et *ou*) comme dans le français populaire *lion*, *louons*, *Louis*, soit plus rarement par la syncope : *él'ver* = *élever*.

On trouve dans de vieilles inscriptions des formes tout à fait romanes : *tablis* pour *tábulis*, *decmus* pour *décimus*, *sol(i)dum*, *poplo*, *Ben(e)ventum*, *Treb(u)lanus*. Les transcriptions grecques : Κάτλος = *Cátulus*, Ῥῆγλος = *Régulus*, Τουσκλανόν = *Tusculanum*, font voir la faiblesse de l'atone intérieure. On est obligé de lire dans Lucrèce : *fluitat*, *prohibet*, *vehementer*, *cooperiant*, *cop(u)lata*; dans Lucilius : *nol(i)tis*, *ar(i)dum*, *frig(i)daria* ; dans Horace : *principjum*, *consiljo* ; et cette contraction est fréquente dans Sénèque le Tragique[1]. Virgile et Horace ont prononcé : *alvéo*, *reice＝rejice*, *genva*, *repos(i)tus*, *replic(i)tus*. *fluvjorum*, *parjetibus*. Properce emploie la forme *Luc(u)móne*, Ovide *manip(u)láris*.

L'étymologie nous montre le même rythme dans les mots : *coetus* (*cóitus*), *cogo* (*cóago*), *cautum* (*cávitum*) ; *fūgi*, *lēgi*, dans lesquels *e* et *u* longs paraissent s'expliquer naturellement par *lelgi = lélegi*, *fufgi = fúfugi*, comme *ēgi = éagi*, *capto = cápito*, *facultas = facúlitas* (*facílitas*), *aucúpium = avicúpium*, *moméntum = moviméntum*, *hortátur = horitátur*, qui se trouve dans Ennius ; *caldárium = calidárium*, *pellúvium = pedilúvium*.

71. Finales. — Mais les Romains prononçaient généralement les syllabes finales, sauf celles qui étaient terminées par un *e* bref et qu'on supprimait parfois : *tantón = tantóne*.

L'étymologie semble montrer la disparition antique de la finale dans *puer = puerus*, *donec = donicum*, *perendie = per unum diem*.

72. Initiales. — Quant à l'initiale, elle persistait toujours. La concordance du latin et du roman est donc bien sensible sur chacun des points examinés, et l'on peut admettre que, dès les temps les plus anciens, les principales règles romanes étaient en vigueur dans le latin parlé.

73. Les syllabes secondaires. — Il reste toutefois une question assez délicate : quelle était la plus forte de deux

1. Pour certains philologues cette synizèse est audacieuse ; cependant elle est tout ce qu'il y a de plus naturel : il y en a de nombreux exemples en latin.

atones consécutives dans des mots tels que *ornaméntum*, *dormitáre?*

.Les Allemands, suivant l'analogie générale de leur propre langue, n'hésitent guère à déclarer qu'on place un accent secondaire sur la première des deux syllabes (*ü'bersétzen*), et cette solution semble conforme à la règle des brèves intérieures donnée plus haut. Mais il y a lieu de faire une distinction indiquée par le caractère de notre langue. Nous prononçons *j'appelle* et *appeler*, *rejette* et *rejeter*. On entend prononcer assez souvent *appeller*, *rejetter*; c'est une prononciation très répandue au xviiie siècle et qui alors était fréquemment reproduite par l'orthographe. Il peut en effet paraître choquant de prononcer diversement, dans les différentes formes de la conjugaison, une lettre qui signifie toujours la même chose, et qui, de plus, étant radicale, représente la meilleure partie du sens. La prononciation ordinaire *app(e)ler* tient précisément à ce qu'on ne reconnaît pas le radical, puisque le simple *peler* n'est pas usité; mais il semble bien plus naturel de prononcer *r'lever*, *r'tenir*, que de dire : *rel'ver*, *ret'nir*; car on conserve aussi avec plus de soin la syllabe importante du mot. Or l'étude historique de la langue française nous montre qu'une syllabe accentuée dans les formes les plus courtes de la flexion, tend, contrairement aux règles ordinaires de la phonétique, à se maintenir dans les formes plus longues, quand elle devient atone. Ainsi l'atone intérieure a disparu dans *serment* (*sacraméntum*); *bercail* (*berbicále*), *matin* (*matutínum*); mais dans *éployer* (*explicáre*), *essorer* (*exauráre*), elle a pris la forme de l'indicatif, et elle est traitée comme si elle était accentuée. D'ailleurs, puisque l'accent domine la phonétique romane tout entière, n'est-il pas naturel que l'atone la plus importante soit celle qui, étant apparentée à la tonique, trouve pour ainsi dire en celle-ci un soutien tout naturel ?

Or, en latin, on voit également que les formes les plus longues de la conjugaison suivent l'analogie des plus courtes. Dans *adigor*, l'*a* de *ago* s'est affaibli parce qu'il est atone ; puis de *adigo* on a passé à *adígere*, qui aurait dû rester *adágere*. — Donc, si dans *admíror* la deuxième syllabe est plus forte que la première, nous pouvons croire qu'il en était de même dans *admirari*, et que dans *ornaméntum* la première l'emporte sur la seconde, tandis que le contraire se produit dans *adverténtes*. — C'est pour cette raison que nous donnerons à la syllabe radicale atone le nom de *secondaire*.

Par analogie, on rangera dans la même catégorie les syllabes qui ne sont atones qu'accidentellement, grâce à l'action d'une enclitique : *expressúmque*. — Il est probable que la présence de *que* ne modifiait que légèrement la valeur de la deuxième syllabe.

74. Règles fondamentales de la prosodie italique. — D'après ces principes, les règles fondamentales du rythme latin naturel sont les suivantes :

1° *Il n'y a de véritables longues que les longues toniques : toutes les autres longues ont une valeur inférieure à celle de la longue normale.*

2° *Les syllabes, au point de vue de leur durée exacte, peuvent être rangées dans l'ordre suivant : 1° toniques, 2° secondaires, 3° initiales, 4° finales, 5° intérieures.*

75. Notation du rythme latin. — Il sera utile, pour l'intelligence des vers latins, de représenter toutes ces syllabes par des signes qui n'auront point une valeur absolue, mais qui indiqueront d'une façon approximative le mouvement des mots latins. Le moyen le plus simple est d'employer les notes de la musique, connues de tout le monde, et qui permettent, au besoin, d'exprimer les nuances les plus variées.

Prenons pour base la croche ♪ qui vaudra une brève parfaite ou *un* temps. Une longue intégrale sera donc représentée par une noire ♩ qui vaut deux croches. Les atones n'auront pas leur durée complète : pour donner à chacune celle qui convient, on partira de la plus brève de toutes, c'est-à-dire de l'atone intérieure à peine supérieure à la brève ♪. ; et pour désigner les autres selon leur rang, on ajoutera un ou plusieurs points qui en augmenteront la valeur, non pas de la moitié, suivant l'usage des musiciens, mais d'une quantité qui suffira à les distinguer l'une de l'autre. On obtiendra ainsi l'échelle suivante :

	Longues.	Brèves.
Atone intérieure . . .	♪.	♪.
Atone finale . .	♪..	♪..
Atone initiale.	♪...	♪...
Atone secondaire . . .	♪....	♪....
Tonique	♩	♪

On mesurera donc ainsi une phrase latine :

A thé nae cúm flo ré rent aé quis lé gi bus.

Quantité classique :

∪ — — — — — — — — — — ∪ ∪

Rythme latin :

D'autre part il y a également à tenir compte de l'intensité métrique, qui ressemblait beaucoup à l'accent latin et par suite devait maintenir la valeur des syllabes. On pourra indiquer par un point l'effet du temps fort dans les vers. La 4e, la 8e et la 12e syllabe de la phrase citée plus haut et qui forme un vers ïambique seront ainsi légèrement prolongées, et le rythme en deviendra plus sensible.

76. Mesure exacte des pieds en latin. — Pour reconnaître la valeur relative des pieds latins, on peut mesurer chaque syllabe d'après cette méthode : on compare la durée des temps *italiques* à celle des temps *helléniques*. Mais ce procédé ne sera employé que pour les questions délicates : pour l'ordinaire, on peut donner des règles beaucoup plus simples.

Il n'est pas nécessaire en général de mesurer ainsi les brèves, parce qu'elles ne peuvent pas être confondues avec les longues. L'écart entre leur valeur exacte et leur valeur apparente porte d'ailleurs sur une quantité moitié moindre ; il est par là sensiblement réduit et devient presque insignifiant.

La grande difficulté pour les poètes latins était de produire des longues. Le latin n'a de véritablement longues que les longues toniques. Les longues intenses occupent une position intermédiaire. Toutes les autres se rapprochent de la brève et donnent souvent un caractère imparfait à la mesure.

77. Règles fondamentales du rythme latin. — De là, il est facile de déduire les règles très simples du rythme latin.

Une longue tonique est un élément *positif* $= 1$; une atone intense, sans rompre tout à fait la mesure, est peu sensible $= 0$; elle l'est moins encore si elle ne porte que l'intensité secondaire, et peut être représentée par $-\frac{1}{2}$; une atone faible ne donne qu'un rythme imparfait $= -1$. Ces trois éléments se combinent entre eux comme les éléments analogues du rythme grec (§ 28).

Le rythme est *positif* lorsqu'en additionnant la valeur des longues dans un pied on obtient une quantité positive : par exemple, dans l'ïambe *vagánt*|es, *ant* $= 1$; dans le dactyle *árida*, *ár* $= 1$.

Il est à peu près indifférent quand on arrive à 0 : spondée dans un vers dactylique : *mágnos* $\perp-$, *mágn* $= 1$, *os* faible et atone $= -1$; total $1 - 1 = 0$.

Il est imparfait quand on obtient une valeur négative : spondée : *orna*|mentum; *or* intense $= 0$, *na* faible et atone $= -1$; total $0 - 1 = -1$.

Dans les vers ordinaires, le rythme latin sert, comme le rythme grec, à l'établissement des lois de la compensation et de la dissimilation (§ 30 et 31).

78. La compensation latine. — Par conséquent, *la somme de 2 pieds, comptée d'après les indications données plus haut, ne doit pas donner une quantité négative.*

79. La dissimilation latine. — La dissimilation établie en grec par la césure est marquée en outre dans les vers latins par l'accent. *Si la clausule d'un vers est italique, c'est-à-dire présente une concordance des temps forts et des accents toniques, la discordance doit se trouver à l'hémistiche et inversement.*

80. Résolution des longues en latin. — Il est indispensable de connaître le mouvement des brèves latines pour comprendre la résolution des longues.

Prenons, par exemple, le mot *sólida*. Ces trois syllabes forment un tribraque, qui en grec remplacerait indifféremment un ïambe ou un trochée. Mais le rythme latin de ce mot est ♪ ♪. ♪..; et la forme romane *solde*, confirmée par la contraction classique *soldo*, montre que la prononciation latine en faisait à peu près un trochée ◡◡ ◡; dès lors un pareil pied doit être proscrit d'un vers ïambique.

De même l'anapeste *sólidos* prend la forme d'un spondée; les deux premières syllabes sont nécessairement réunies et forment l'équivalent d'une longue ◡◡ –. Ainsi, en latin, *la brève atone intérieure est réunie par la prononciation à la brève tonique précédente, et la combinaison ainsi formée est ordinairement mise à la place d'une longue* (cf. § 167).

81. Formes du rythme latin. — Le rythme italique est observé surtout par les poètes populaires, c'est-à-dire par les poètes scéniques antérieurs à Auguste et par Phèdre. Ils vont jusqu'à mettre une longue atone à la place d'une brève grecque, et c'est par là surtout qu'ils diffèrent des poètes purement classiques.

Le rythme italique s'est perfectionné successivement et a pris une forme très régulière à l'époque impériale. Parmi les poètes dont nous avons les œuvres, Ovide, Phèdre et Sénèque le Tragique sont, dans les genres principaux, ceux qui ont amené l'art latin à sa perfection.

82. Le rythme et le nombre oratoire. — L'étude du rythme spécial à la langue latine permet d'expliquer, indépendamment des règles métriques proprement dites, certaines particularités qu'on trouve dans la structure des vers latins.

Ces questions se rattachent à la théorie du *nombre oratoire*, et appartiennent proprement au domaine de la rhétorique; mais il est important de les connaître, puisqu'elles sont communes aux poètes et aux prosateurs.

83. Caractères particuliers des *clausules* **latines.** — Les syllabes qui terminent une phrase, et aussi un membre de phrase, forment des *clausules* soumises à des règles spéciales, amenées par le besoin de finir la proposition par une cadence harmonieuse. Les poètes élégants les ont observées dans leurs hémistiches ou dans leurs vers, qui sont les propositions et les phrases de la versification.

Pour se rendre compte de ces lois, il faut observer ce fait, qu'une langue tend toujours à suivre à la fin de ses phrases le mouvement propre de ses mots. En français, par exemple, nous n'avons pas de mots accentués sur l'antépénultième, comme *pópulos*, et, nous avons peu de paroxytons réels comme *rose*, parce qu'à vrai dire nous ne prononçons pas, surtout à la fin d'une proposition, l'*e* muet final, qui ne sert qu'à faire sonner la consonne précédente : l'accent sur la dernière syllabe est le seul qui nous paraisse bien naturel. Il s'ensuit que les clausules qui finissent par un oxyton sont les seules qui plaisent réellement à notre oreille. Ainsi *faites-le*, *décore-le*, qui amènent, contrairement à l'usage, une sorte de dactyle, sont de très mauvaises fins de vers ou de phrase; *décorez-le*, sorte de paroxyton, ne nous plaît guère davantage : *qu'on le décore* est du plus grand effet.

Les Romains avaient, au point de vue de l'accent, des habitudes fort opposées aux nôtres. Le latin n'avait presque pas de mots ayant l'accent sur la dernière syllabe : les moins rares étaient les monosyllabes toniques (*mos, flos*), qui sont peu nombreux. Les mots usuels étaient des paroxytons comme *ámor*, *amórem*, et des proparoxytons comme *pópulos*, à pénultième brève.

84. La fin des phrases suivant naturellement le rythme du langage, il en résulte :

1° Qu'un monosyllabe atone non enclitique, qui se rattache à un mot précédent sans en changer l'accent, ne pouvait pas être placé indifféremment dans une clausule. Les formes suivantes sont imparfaites et ne peuvent être tolérées que dans un art négligé :

Cállida sit
Invénti sunt
Digna légi sint
Primórdia sint.

En effet les toniques y sont placées d'une façon irrégulière, comme si l'on accentuait : *práeterea, obsérvantur, vóluptas*; or cette prononciation est contraire aux lois fondamentales de l'accent latin.

On admet au contraire :

Barbarus hic *égo sum* | quia non intellegor illis.
Grammatici certant, et adhuc sub judice *lís est* |.
... *né me* | Crispini scrinia lippi.
... Potes namque omnia, *néc te* |
Nequidquam lucis Hecate praefeci Avernis.

(Ovide, *Trist.*, V, x, 37. Hor 'Ait poét., 78. Sat., I, ii, 120.
Virg , *En.*, VI, 117.)

Né me, néc te, et surtout *lís est, égo sum*, sont régulièrement accentués comme *mágnos* ou *pópulos*.

85. — Le monosyllabe accentué n'est pas un monstre au point de vue de l'accentuation ; mais c'est une rareté : il existe encore dans les clausules de Virgile, encore est-il le plus souvent employé pour produire un effet :

> Sternitur exanimisque tremens procumbit humi *bos*.
> ... Insequitur tumulo præruptus aquæ *mons*.
> Hostem magnanimum opperiens, et mole sua *stat*.
> Sæpe exiguus *mus*
> Sub terris posuitque domos atque horrea fecit.
> (VIRGILE, *En.*, V, 481 ; I, 105 ; X, 771 ; *Géorg.*, I, 181.)

Le monosyllabe tonique, chez les versificateurs de l'époque impériale, devient de moins en moins fréquent ; car il se dresse comme une sorte de roc à la fin ou au milieu de la phrase, et il est banni des parties soignées du rythme. Dans les poètes les plus parfaits, *mos animantum* est une mauvaise fin de vers aussi bien que *deum gens*. Il n'y a qu'une façon de sauver cette dissonance, c'est de faire suivre le monosyllabe tonique d'un mot non accentué qui forme avec lui un mot nouveau dont l'accent est normal. *Mós est*, *mós erat*, ont des toniques régulières.

Ainsi donc, en latin, le monosyllabe n'est employé à la fin des phrases que s'il ne contredit pas l'accentuation habituelle. Toute clausule doit suivre le mouvement naturel de la langue, c'est-à-dire que *les deux ou trois dernières syllabes, supposées réunies, doivent porter un accent normal.*

86. Caractères de l'élision en latin. — L'élision, chez les poètes latins, a des caractères particuliers dont la plupart sont dus à la nature même du rythme italique.

La longue finale en latin s'élide assez souvent, contrairement à l'usage grec, sans doute parce qu'à vrai dire elle n'est pas une longue. Il en est de même des finales en *m* : cette lettre se faisait à peine entendre à la fin des mots et s'effaçait devant les voyelles. Mais ces élisions étaient plutôt des *synalèphes*, c'est-à-dire que les deux voyelles consécutives avaient une tendance à s'unir pour former une longue. *Turrem in* ne se prononçait pas comme *turrim in*. Cette crase influe sur l'emploi de l'élision dans les vers. La césure entre deux mots, comme dans *metato ‖ in agello*, est évitée, parce que ces deux syllabes sont trop étroitement unies. Celle qui suit une syllabe en *m* n'a été employée que jusqu'à l'époque d'Auguste ; elle est rare chez Virgile :

> Cornua velatar*um* | obvertimus antennarum.
>
> (*En.*, III, 549.)

L'élision dans l'intérieur des hémistiches est plus fréquente devant une longue, comme dans *monstrum ingens*, car elle ne change pas, à vrai dire, la quantité. Elle l'est beaucoup moins devant une brève : dans *spectaculum uterque*, par exemple, la prononciation par synalèphe (͡uu) pourrait produire une longue à la place d'une brève : c'est là une négligence que se sont permise Catulle et Horace.

Une des élisions les plus douces en latin était celle de l'*e* bref final, surtout dans les infinitifs : cette lettre était très faible, au point que certains vieux prosateurs, Caton par exemple, avaient cessé de l'écrire. On admettait donc assez facilement, même à la fin du vers :

> Juturnamque parat fratris dimitter*e* ab armis.
>
> (Virg., *En.*, XII, 844.)

Mais l'élision la plus naturelle est celle de l'*e* des enclitique *ve, ne, que*; ce son disparaissait dans la prononciation, comme on le voit par les formes *hic = hice, nec = neque, ac = atque*, etc. L'élision était pour ainsi dire faite d'avance; aussi est-elle fréquente dans Virgile à la césure :

Miratur, rerumque ‖ ignarus imagine gaudet.

(Virg., En., VIII, 730.)

Pour une oreille difficile, l'élision ne devait pas amener d'accent irrégulier : *despicer*(e) *omnes* est d'un effet choquant, car *despícer* est un polysyllabe à pénultième brève dont l'accent est par conséquent irrégulier. *Crimin*(e) *ab uno* est naturel, *crímin* étant accentué normalement comme *flúmen*.

L'élision qu'on trouve par exemple dans *præber*(e) *omnes* produit un polysyllabe oxyton, *præbér*, chose anormale en latin ; c'est pourquoi les poètes de l'époque impériale l'ont à peu près bannie des clausules.

87. — Les imperfections du rythme latin auraient pu être effacées souvent par l'emploi de l'élision ou de la synalèphe qui permet, par exemple dans *conticuér*(e) *ómnes*, de produire deux longues de suite; mais ce moyen ressemblerait aux procédés de nos vieux poètes, qui font rimer *voi-le* avec *voile*, *dis-je* avec *lige* : il a quelque chose d'étrange et d'artificiel. L'élision en général avait l'inconvénient d'amener dans les mots des toniques anormales. Aussi dut-elle être abandonnée lorsque l'accent, son adversaire, finit par devenir tout-puissant dans la versification. Elle est rare dans les vers de la basse latinité; elle est bannie des rythmes du moyen âge.

88. Les mots grecs en latin. — Les mots d'une langue, en passant dans une autre, peuvent être traités de deux manières différentes, selon les conditions historiques.

Tantôt ils sont modifiés suivant certaines lois par la prononciation populaire et usuelle; tantôt ils sont purement et fidèlement reproduits. Chez nous, par exemple, les termes germaniques se plient souvent aux exigences de notre phonétique : *Gœthe* perd son *e* que nous croyons muet, et *Vater*, qui devrait rimer à peu près avec *quatre*, arrive à rimer avec *pater*. Les formes rythmiques naturelles sont donc tout à fait altérées. Mais les personnes qui ont quelque connaissance d'une langue étrangère donnent aux mots le rythme originel. Il est clair que si l'on plaçait ces mots dans un vers et surtout à la fin, il y aurait à tenir grand compte de leur prononciation.

Les Latins ont emprunté des mots grecs à des époques différentes. Au temps de Plaute, par exemple, l'imitation avait un caractère tout à fait populaire; les formes étrangères durent se plier aux lois latines. Or il y a, à cet égard, une contradiction entre le génie des deux langues. Le grec fait reposer l'accent sur la quantité de la finale, le latin ne s'occupe que de la pénultième. Si donc on voulait imiter l'accent grec, il fallait négliger la quantité; si l'on observait la quantité, il fallait déplacer l'accent. On ne pouvait prononcer Φίλιππος, *Philippus*, avec l'accent grec, sans faire une brève de la deuxième syllabe; ni Κατάνη, sans mettre l'accent sur la première, changement qui amenait régulièrement par apophonie *Cátina*, comme *áccipit* pour *ad-capit*. Il s'ensuit que les anciens poètes dramatiques pouvaient mesurer *Alĕxán-der* (Ἀλέξανδρος), et même, par l'imitation d'un dialecte grec, *Achĭlles* (Ἀχιλεύς), ce qui était d'ailleurs facile à une époque où l'on avait une tendance à ne pas redoubler les consonnes. On employait, du reste, les deux formes à volonté, et ce défaut d'uniformité est un indice de l'art populaire.

Mais quand la versification latine fut entre les mains de poètes hellénistes, les mots gardèrent leur accent grec et surtout leur quantité, on mesura dès lors *Achīlles* en mettant l'accent sur l'*i*, *chorēa*, *platēa*, etc.

Les pieds qui renferment des mots grecs en tout ou en partie ne sont plus soumis aux règles rythmiques particulières du latin. Ce caractère exotique se rencontre surtout dans les vers de Catulle. Virgile et Ovide se sont permis ces sortes de licences; les poètes postérieurs, cherchant à éviter les plus petites fautes, sont revenus à une observation plus exacte des règles italiques.

89. Rôle de l'accent dans la versification latine. — L'étude des vers latins suppose toujours la connaissance de la quantité. Il ne faut pas croire que la versification des Romains soit fondée sur l'accent comme celle de quelques peuples modernes. Jamais les poètes n'ont cherché à remplacer les brèves grecques par des atones et les longues par des toniques : au contraire, ils ont souvent établi à dessein une discordance entre les syllabes fortes et les syllabes accentuées. L'accent a une certaine influence sur la prosodie; il ne joue aucun rôle en métrique.

90. — Toutefois, l'idée d'attribuer à l'accent une action quelconque dans les vers, admise autrefois sans difficulté, a cessé de plaire à beaucoup de métriciens. Non seulement on a accumulé contre ce principe de redoutables remparts philologiques, mais encore on lui a fait son procès au point de vue.

esthétique, et on l'a traîné dans la boue. Selon une idée assez répandue, l'accent ne serait qu'un principe inférieur, bon tout au plus à constituer le rythme de la prose, une sorte de fange (*faecem*), dont il faut absolument s'éloigner, si l'on veut s'élever dans le ciel pur de la poésie. Sans vouloir rechercher si l'accent produit le rythme dans la prose, on peut faire observer que l'accent était appelé autrefois l'âme du mot (*anima vocis*); c'est un grammairien latin qui a donné cette ingénieuse définition, et il faut croire qu'il n'avait pas tort, puisque cette partie spirituelle de l'être grammatical s'est conservée dans nos langues modernes, et peut à la rigueur passer pour immatérielle. Mais si l'accent est par sa nature si éloigné de la matière, n'est-il pas naturel que ce principe éthéré ait servi, dans les vers du moyen âge, à élever le sentiment chrétien jusqu'aux cieux, avec les flèches des cathédrales? De pareilles théories sont d'une élévation incontestable. Cependant on aspire à descendre de ces hauteurs, parce que le Vrai n'y apparaît qu'à travers l'éblouissement et le vertige.

L'étude des vers latins, qui va suivre, devra marcher d'abord parallèlement avec celle des vers grecs sur lesquels ils ont été copiés; ce n'est qu'en deuxième lieu, en suivant l'ordre historique, qu'on étudiera, à la période impériale, l'imitation la plus parfaite de ces modèles.

CHAPITRE VI

L'HEXAMÈTRE DACTYLIQUE

91. Caractère rythmique de l'hexamètre. — L'hexamètre
dactylique a toute la gravité des constructions du genre égal :
grâce au mouvement alerte du dactyle, tempéré par la lenteur
du spondée, il conserve une marche forte et régulière; son
rythme descendant et l'indivision des longues fortes lui enlè-
vent tout caractère désordonné. Il a six mesures qui sont en
rapport exact avec ses vingt-quatre temps; il n'est ni trop
long ni trop court; sa taille est, pour ainsi dire, élancée et
bien proportionnée.

Tous ces caractères lui donnent un air de noblesse et de
dignité soutenues qui l'a fait employer dans les genres les
plus élevés; il a même pris le nom de mètre *épique* ou
héroïque, et il est le premier des vers comme Homère est le
prince des poètes.

Le vers héroïque se compose de six pieds, qui, théorique-
ment, peuvent être dactyles ou spondées :

$$- \cup \cup \mid - \cup \cup \mid - \cup \cup \mid - \cup \cup \mid - \cup \cup \mid - -$$

$$- - \mid - - \mid - - \mid - - \mid - - \mid - -$$

Si le dernier pied était un dactyle, la dernière syllabe
serait nécessairement entendue longue (§ 46); le 6ᵉ pied

serait donc un crétique – ◡ – et le vers serait faux. C'est pourquoi le 6ᵉ pied est toujours un spondée ou un trochée, qui, en vertu de la loi indiquée plus haut, devient un spondée.

Le 6ᵉ pied ne pouvant avoir le rythme pur, le 5ᵉ doit être autant que possible un dactyle. Quand il est un spondée, les vers sont nommés σπονδειάζοντες. On les appelle souvent, en employant un terme quelque peu barbare, vers *spondaïques*.

92. Les césures de l'hexamètre. — La césure doit partager le vers en deux parties dissemblables. Si le deuxième hémistiche se termine avec un pied complet, le premier doit avoir son dernier pied incomplet. Chaque pied est de quatre temps; le temps final du vers est au quatrième rang; donc celui de l'hémistiche devra être au troisième ou au second.

93. — L'hexamètre a trois césures usuelles. Celle qui coupe le troisième pied en isolant un trochée s'appelle césure *trochaïque* :

Ἄνδρα μοι ἔννεπε, Μοῦσα, ‖ πολύτροπον, ὅς μάλα πολλά.
– ◡ ◡ – ◡ ◡ | – ◡ ◡ | – ◡ ◡ – ◡ ◡ | – –
Te Corydon, o Alexi : ‖ trahit sua quemque voluptas.
– ◡ ◡ – ◡ ◡ | – ◡ ◡ | – ◡ ◡ – ◡ ◡ | – –
(Hom., Od., I, 1. — Virg., Bucol., II, 65.)

La césure qui partage un pied par le milieu, et qui est masculine, peut être placée au troisième pied, et alors elle s'appelle *penthémimère* (πέντε, ἡμιμερίς), parce que l'hémistiche a 5 demi-pieds ou 2 pieds 1/2.

Μῆνιν ἄειδε, θεὰ, ‖ Πηληϊάδεω Ἀχιλῆος.
– ◡ ◡ – ◡ ◡ | – ‖ – | – ◡ ◡ – ◡ ◡ | – –
Arma virumque cano, ‖ Trojæ qui primus ab oris.
– ◡ ◡ – ◡ ◡ | – ‖ – | – –, – ◡ ◡ | – –
(Hom., Il., I, 1. — Virg., En., I, 1.)

Si elle se trouve au 4e pied, elle est *hephthémimère*;
l'hémistiche a 7 demi-pieds ou 3 pieds 1/2 :

Οὐκ ἀγαθὸν πολυκοιρανίη· || εἷς κοίρανος ἔστω.

Alpibus æquatum attollens || caput Apenninus.

(Hom., *Il.*, II, 204. — Silius, *Pun.*, II, 314.)

94. Valeur relative des césures. — La césure trochaïque
est la meilleure. D'abord elle ne s'éloigne que d'un temps
du point médial du vers; les autres s'en écartent de deux
temps. Ensuite aux quatre derniers temps du vers, qui forment un spondée ⏑ —, les césures masculines opposent, à
l'hémistiche, un spondée ou un anapeste frappés autrement
— ⏑ ou ⏑ ⏑ ⏑, mais qui sont du même genre, tandis que la césure trochaïque oppose au spondée final un trochée ou un péon,
qui sont de genre différent, et marquent mieux la différence.
Il est facile de voir que, par contraste avec le pied final de
quatre temps, les unes donnent à l'hémistiche un demi-pied
final de deux temps, l'autre les trois quarts d'un pied, soit
3 temps. Or le rapport de 2 : 4 est plus simple que le rapport 3 : 4; il est plus facile en quelque sorte de saisir une
opposition entre 3 et 4 qu'entre 2 et 4. La dissimilation à
rechercher est donc obtenue plus sûrement par la première
combinaison. Aussi la césure trochaïque règne-t-elle en maî-
tresse chez les Grecs, créateurs du mètre. On la trouve souvent dans plusieurs vers de suite :

Ἦ, καὶ κυανέῃσιν || ἐπ' ὀφρύσι νεῦσε Κρονίων·
ἀμβρόσιαι δ' ἄρα χαῖται || ἐπερρώσαντο ἄνακτος
κρατὸς ἀπ' ἀθανάτοιο· || μέγαν δ' ἐλέλιξεν Ὄλυμπον.

(Hom., *Il.*, I, 528.)

Chez les Alexandrins, cette césure fut multipliée, et le poète
Nonnos, par exemple, n'hésite pas à l'employer dans sept ou
huit vers consécutifs.

95. — La césure penthémimère est meilleure que l'hephthémimère, parce que le deuxième hémistiche ainsi produit a
plus d'étendue et d'ampleur. L'effet est le même que dans
une colonne architecturale où la base, prolongée plus loin que
le milieu de l'ensemble, a quelque chose de disgracieux.
Aussi l'hephthémimère est-elle relativement peu fréquente.

96. — La césure trochaïque au 4ᵉ pied est reconnue par certains métriciens; mais elle n'a point passé dans l'usage habituel. Horace l'emploie dans un vers où il semble vouloir
donner un exemple de rythme négligé :

Non quivis videt immodulata ‖ poemata judex.
$$- \quad - \mid - \cup \cup \mid - \cup \cup \mid - \cup \cup \mid - \cup \cup \mid - -$$

(Art poét., 263.)

97. — On parle souvent d'une césure trihémimère, placée
au milieu du 2ᵉ pied.

Et Pauli ∣ stare ingentem miraberis umbram.
$$- \; - \mid - \quad - \mid \quad - \; - \mid - \quad - \mid - \cup \cup \mid - \quad -$$

(SILIUS., Pun., XI, 346.)

C'est là une invention de quelque grammairien de la basse
époque. Elle est inconnue des métriciens autorisés : le partage
d'un vers en 1 1/2 + 4 1/2 est d'ailleurs tout à fait anormal.

98. — Lorsque le 4ᵉ pied du vers est formé de deux
longues suivies d'une coupe ou qu'il renferme une coupe

trochaïque, ces coupes risquent d'être confondues soit avec la clausule du vers, soit avec la césure. Aussi évite-t-on de les faire suivre d'une ponctuation sensible, car on attirerait sur elle l'attention qui doit se porter ailleurs. On trouve cette faute dans les vers suivants :

Facta canit pede ter percusso; | forte epos acer.
— ∪ ∪ | — ∪∪ | — — | — — | — ∪∪ | — —
Vincere Caecilius gravitate, | Terentius arte.
— ∪ ∪ | — ∪ ∪ | — ∪ ∪ | — ∪ ∪ | — ∪ ∪ | — —

(HOR., Sat., I, x, 43; Ep., II, I, 59.)

99. La coupe bucolique. — On appelle césure *bucolique* une coupe accompagnée d'une ponctuation après le 4e pied. Ce n'est pas là une césure à proprement parler, attendu qu'elle n'établit aucune dissimilation, et n'est jamais nécessaire. C'est pourquoi certains grammairiens voulaient l'appeler *diérèse.* Elle a pris le nom de *bucolique* parce qu'elle est fréquente chez tous les auteurs d'églogues :

Ἄρχετε βουκολικᾶς, Μοῖσαι φιλαι, | ἄρχετ' ἀοιδᾶς.

(THÉOCRITE, Id., I, 64.)

En vertu de la règle précédente, le 4e pied doit être pur.

100. Coupes multiples. — Un vers présente parfois deux coupes qui peuvent avoir le rang de césure.
Penthémimère et hephthémimère :

Πάντων μὲν κρατέειν ‖ ἐθέλει, ‖ πάντεσσι δ' ἀνάσσειν.

(HOM., Il., I, 288.)

Trochaïque et hepththémimère :

Τὸν δ' αὖτε προσέειπε ‖ θεὰ ‖ γλαυκῶπις 'Αθήνη.

(Od., I, 221.)

Alors on doit en général regarder comme césure la coupe trochaïque, et, en second lieu, la penthémimère. C'est là d'ailleurs une question très délicate, et dont la solution dépendait, comme chez nous pour la ponctuation, du lecteur et de l'effet qu'il voulait produire. Il ne faut pas oublier d'ailleurs que les anciens ne ponctuaient pas comme nous, ce qui rend encore plus difficile l'étude de ce point particulier.

101. Rythme grammatical. Compensation. — L'hexamètre n'admet que deux sortes de pieds : le spondée, de rythme indifférent, qui sera indiqué par 0, et le dactyle, de rythme pur, dont la valeur peut être représentée par 1 (§ 25). Pour le mouvement grammatical (§ 26), les coupes sont au nombre de quatre : deux sont médiales et négatives (— 1), la coupe masculine et la coupe trochaïque :

$$\text{Tu patu} \mid \text{læ} \mid \text{recu} \mid \text{bans} = - 1$$
$$\text{Arma} \mid \text{vir} \mid \text{um} = - 1.$$

Il peut y avoir absence de coupe, ce qui rend le pied indifférent :

$$\text{Ill} \mid \text{auda} \mid \text{ti} = 0.$$

Deux coupes sont positives : la coupe initiale, qui ne doit être considérée qu'au commencement du vers, sans quoi elle compterait deux fois, et la coupe finale :

$$\mid \text{Formo} \mid \text{sos} = + 1$$
$$\text{Form} \mid \text{osos} \mid = + 1.$$

Chaque pied sera représenté par la somme totale de ces valeurs. Un pied pris isolément peut être négatif : mais, par compensation, il doit être relevé par le rythme d'un pied voisin. La somme de deux pieds consécutifs ne doit pas être négative.

Ainsi l'on n'admettra pas à la fin du vers :

$$\text{εὐρυφυ}\,|\,\text{ὲς}\,\,\text{λευ}\,|\,\text{χὸν}\,\,\text{χοῖ.}$$

R.	0	0	$= 0$
M. G.	-1	$-1+1$	$= 1$

Mais on saisit le rythme dans les clausules dont le spondée, à mouvement indifférent, est rendu moins insensible par la disposition des syllabes :

$$\text{εὐρυφυ}\,|\,\text{ὲς}\,\,\text{χρῖ}\,|\,\text{λευχόν.}$$

R. =		0	0	$= 0$
M. G. =	$-1+1$		$+1$	$= 1$

$$\text{πάν}\,|\,\text{των}\,\text{ἀν}\,|\,\text{θρώπων}$$

R. =		0	0	$= 0$
M. G. =	-1		$+1$	$= 0$

$$\text{ἀλφησ}\,|\,\text{τάων}$$

R. =	0	0	$= 0$
M. G. =	0	$+1$	$= 1.$

Le vers suivant est mal rythmé et d'une facture négligée :

$$\text{Lecto}\,|\,\text{rem de}\,|\,\text{lectan}\,|\,\text{do pariterque monendo.}$$

R. =	0	$+0$		$= 0$
M. G.	-1	$+0$		$= -1$

(HORACE, Art poét., 344.)

Mais on pouvait écrire :

$$\text{Mirat}\,|\,\text{ur mol}\,|\,\text{em Æne}\,|\,\text{as....}$$

R.	0		$+0$	$= 0$
M. G.	-1	$+1$	$+0$	$= 0$

(VIRG., En., I, 421.)

102. Dissimilation à l'intérieur des hémistiches. — Deux pieds consécutifs doivent renfermer au moins un élément de variété (§ 31). Or ces éléments sont, pour le rythme,

7

les longues et les brèves ; pour le mouvement grammatical, les
différentes coupes. On n'admet donc pas la forme suivante qui
à l'immobilité du rythme ajoute la monotonie des coupes :

$$\pi\acute{\alpha}\nu\tau\omega\nu \mid \dot{\alpha}\nu\delta\rho\tilde{\omega}\nu$$

Les exceptions apparentes dans Homère doivent être corri-
gées en rétablissant les anciennes formes. Ainsi on lira non
ἠῶ δῖαν (*Il.*, IX, 240), mais ἠόα, dactyle ; εἴασ' Ἕκτωρ (*ib.*,
X, 299) suppose une forme ionienne, telle que ἤασεν, qui est à
la forme usuelle comme βασιλῆα est à βασιλέα.

Ainsi, dans un hémistiche, il faut autant de coupes différentes que de spondées. La faute rythmique ainsi variée est
une faute dissimulée.

103. Emploi des dactyles et des spondées. — Les vers
entièrement composés de spondées sont lourds et peu fréquents :

τὼ δ' ἐν Μεσσήνῃ ξυμβλήτην ἀλλήλοιϊν.
(*Od.*, XXI, 15.)
Cives Romani tunc facti sunt Campani.
(ENNIUS, *Ann.*, 214.)

Le dactyle, quoique varié par lui-même, n'était pas employé
plusieurs fois de suite avec la même coupe ; on blâmait des
vers tels que

ὕβριος | εἵνεκα | τῆςδε· σὺ δ' | ἴσχεο, | πείθεο | δ' ἡμῖν.
(HOM., *Il.*, I, 214.)
Sole ca | dente juv | encus ar | atra rel | iquit in | arvo.
(Vers cité par un grammairien latin.)

Les vers de cinq dactyles doivent être variés par les coupes :

Ἰλιόθεν με φέρων ἄνεμός Κικόνεσσι πέλασσεν.
d., IX, 39.)

Quadrupedante putrem sonitu quatit ungula campum.
(Virg. *En.*, VIII, 596.)

Les meilleures combinaisons sont celles qui font une part égale à la compensation et à la dissimilation, à l'unité et à la variété.

104. Clausules du vers épique. — Tout en s'attachant à obtenir un rythme positif, on recherche le mélange des dactyles et des spondées et le mélange des différentes coupes. Si l'on considère, à cet égard, les clausules d'Homère, on voit que la plus fréquente de beaucoup a la forme : ἄρχετ' ἀοιδῆς : à la variété d'un rythme d'ailleurs sensible elle joint la forte dissimilation de la coupe trochaïque, recherchée ici entre deux pieds comme entre les deux parties du vers. Parmi les clausules spondaïques les plus usitées, la forme ἀλφηστάων est plus fréquemment employée que πάντων ἀνθρώπων, sans doute parce qu'elle a un rythme positif (§ 101) qui la rend plus harmonieuse.

Le vers spondaïque n'a pas été évité par les Grecs, mais il est relativement assez rare, parce qu'il renferme une imperfection rythmique d'autant plus sensible qu'elle est à la fin du mètre.

Les poètes l'emploient quelquefois pour produire un effet de lenteur ou de majesté.

ὡς ἴδον Ἥφαιστον διὰ δώματα ποιπνύοντα.
(Hom., *Il.*, I, 600.)

Cara deum suboles, magnum Jovis incrementum.
(Virg., *Buc.*, IV, 49.)

Les Alexandrins, qui trouvaient à cette clausule une certaine gravité, en ont fait un grand usage. Leurs imitateurs romains, Catulle surtout, ne renoncèrent point à cette habitude :

> Flabat ab Epiro lenissimus Onchesmites.
>
> (Cité par Cicéron, ad Att., VII, 2.)
>
> Phasidos ad fluctus et fines Aeetaeos.
>
> (Catulle, Carm., LXIV, 3.)

105. Perfection du rythme antique. — L'emploi heureux des ressources multiples que les anciens avaient à leur disposition : des pieds différents, de l'élision, de l'hiatus, de l'effet produit par chaque lettre, et l'appropriation de ces divers moyens à la peinture des faits, ont produit des morceaux d'un art accompli et dont la perfection ne serait que difficilement égalée par les modernes [1]. Tel est le tableau du supplice de Sisyphe dans l'*Odyssée*, qui est des plus curieux à étudier :

> Ἤτοι ὁ μὲν σκηριπτόμενος χερσίν τε ποσίν τε
> λᾶαν ἄνω ὤθεσκε ποτὶ λόφον· ἀλλ' ὅτε μέλλοι
> ἄκρον ὑπερβαλέειν, τότ' ἀποστρέψασκε κραταιΐς·
> αὖτις ἔπειτα πέδονδε κυλίνδετο λᾶας ἀναιδής.
>
> (XI, 595 sqq.)

1. Pour se rendre compte à ce point de vue des beautés de la versification antique, on pourra consulter le *Traité des Études* de Rollin, et le *Traité de versification latine* de Quicherat.

CHAPITRE VII

L'HEXAMÈTRE LATIN

106. — L'hexamètre latin est une imitation du vers épique grec, et suit les mêmes règles métriques. On trouve, il est vrai, dans Ennius, des pieds qui ne semblent être ni des dactyles ni des spondées, ce qui faisait supposer aux anciens eux-mêmes que le vieux poète obéissait mal aux lois du rythme, et aussi des vers qui n'ont pas les césures usuelles :

Cap(i)tibu(s) nutantes pinos rectosque cupressos.
Cui par imber et ignis ‖ spiritus et gravis terra.

(Ann., 267, 598.)

Mais de ces deux exceptions apparentes, la première disparaît, comme les fautes analogues d'Homère, par l'application des lois de la prosodie (cf. § 167); la deuxième n'a pas d'importance, parce que les poètes postérieurs n'ont aucunement suivi cet exemple.

Dans les vers de Lucrèce, de Catulle, et surtout de Virgile, l'hexamètre latin prend un caractère original de plus en plus accentué, et se sépare sur plusieurs points du modèle grec.

107. La théorie moderne de la dissimilation des hémistiches. — On a cherché à expliquer ces différences par une théorie qui repose sur la *dissimilation des hémistiches*. Les Romains, dit-on, ne chantaient plus leurs vers; et le rythme, n'étant plus soutenu par la musique, risquait de s'effacer. Pour en mieux marquer les différentes parties, on se mit à différencier les hémistiches, et l'on employa dans les deux derniers pieds du vers les coupes féminines, tandis qu'au milieu on préférait les coupes masculines.

Cette doctrine repose sur l'application peu naturelle d'un principe connu. On n'a besoin de différencier les parties d'un tout que si le rythme de l'ensemble est trop régulier, et par suite risque de devenir monotone. Mais dans tous les arts la dissimilation, loin d'établir et de fortifier le *nombre* ou mouvement rythmique, ne sert en quelque sorte qu'à en corriger l'uniformité. On emploie donc à rebours le principe de variété quand on veut lui faire produire l'unité.

D'ailleurs les Grecs de l'époque romaine ne chantaient pas non plus leurs vers; cependant, loin d'établir une dissemblance entre le milieu et la fin, ils emploient avec une prédilection de plus en plus marquée la coupe féminine, qui, ce semble, produit l'effet contraire. Il faudrait donc admettre qu'ils étaient incapables de perfectionner leurs vers, et qu'ils avaient l'oreille moins fine que leurs maîtres. C'est là une opinion que les Romains eux-mêmes n'auraient pas facilement admise.

De plus, si la coupe féminine, comme on le voit par l'usage grec, marquait mieux qu'une autre la variété du rythme final des hémistiches (§ 94), n'est-il pas étrange d'admettre que les Latins, sous prétexte de mieux établir la dissimilation, se soient volontairement privés du meilleur moyen d'y parvenir?

Cette théorie suppose l'admission de la césure trihémimère qui n'est pas connue des grammairiens autorisés. Au reste, elle ne rend pas compte de tous les faits. Nous citerons seulement quelques exemples. On prétend que la coupe trochaïque, qui est féminine, doit être soutenue par une coupe masculine. Mais on ne dit pas pourquoi l'art impérial évite la trihémimère seule, qu'on trouve encore dans Virgile :

> Hinc Drepani ⁝ me portus et illætabilisora.
>
> (*En.*, III, 707.)

Avec l'hephthémimère, on en arriva à bannir les formes :

> Nec spes libertatis erat, ‖ nec cura peculi.
> Ingens et simulacra modis ‖ pallentia miris.
>
> (*Buc.*, 132; *Géorg.*, I, 477.)

Mais on admet :

> Laudibus obtrectare tuis. ‖ Satis incluta nomen.
>
> (Silius, *Pun.*, XVI, 617.)

Or la théorie des coupes est impuissante à expliquer toutes ces distinctions.

108. Les clausules de l'hexamètre latin. — Ce qui apparaît tout d'abord dans l'hexamètre latin, quand on le compare au modèle grec, c'est que l'accent, dans les deux derniers pieds, coïncide presque toujours avec le temps fort. Cette concordance, plus rare chez les anciens poètes, est d'autant plus recherchée que l'art s'approche davantage de la perfection. Pour expliquer ces faits, il suffira de mesurer les clausules d'après les lois du rythme latin (§ 77). En laissant de côté celles qui renferment un monosyllabe, et dont l'étude à proprement parler n'est pas du domaine de la métrique

(§ 83), on peut diviser les cadences finales usuelles en deux classes :

ré | rum noviíá | tem.

quánt | um sàtis | hástæ.

condici | ónem.

ruptáque | sáxa.

et féra | cónjux.

Hís quoque | fínem.

prímus ab | óris.

cónderet | úrbem.

Il est aisé de voir que, dans les formes de la première catégorie, la longue du dactyle, n'étant pas tonique, n'a pas sa durée entière; ce qui les a fait rejeter à partir de Virgile.

Les deux premières formes de la deuxième classe ont été accentuées ici selon les règles ordinaires : il semble donc qu'elles présentent une discordance de l'accent et du temps fort. On a, il est vrai, suspecté ces règles, qui ne sont pas logiques : en effet, les enclitiques et proclitiques ajoutés à un mot doivent former un mot nouveau et régulièrement accentué. On devait donc prononcer logiquement *rúptaque* comme *ítaque*, *ét nova* comme *íllico* = *in lóco* : cette accentuation, si elle n'est pas usuelle, n'en était pas moins naturelle et pouvait être favorisée par le mouvement du vers lui-même. Tout au moins peut-on admettre, d'après l'analogie du grec οἶκός τις, que l'accent de la syllabe primitivement tonique n'était pas complètement effacé et que cette syllabe était *secondaire*. Ces deux formes devaient donc être très voisines des suivantes; ce qui confirme cette opinion, c'est qu'on les trouve encore dans les *rythmes* de Commodien par exemple, où il n'est plus question de quantité, mais d'accent. Elles n'ont pas été évitées par les poètes les plus élégants, mais elles sont d'un usage peu fréquent.

Les formes suivantes ont un dactyle et un spondée parfaits.

Il est donc naturel que ce rythme véritablement latin ait été
employé presque exclusivement à la fin du vers.

109. Vers spondaïques. — Les formes spondaïques de
l'hexamètre latin peuvent renfermer au cinquième pied un
spondée moyen (§ 77), mais à condition que le vers se termine par un monosyllabe, ce qui est irrégulier (§ 85) au
point de vue du nombre oratoire :

$$\text{et mág} \,|\, \text{nis Dis}$$
$$\text{Rythm. ital.} = 0 + 1 \qquad\qquad = 1$$

Ordinairement le premier spondée est composé de deux
atones :

$$\text{culmini} \,|\, \text{bus de} \,|\, \text{sértis}$$
$$\text{R. I.} \qquad\qquad 0 - 1$$
$$\text{admi} \,|\, \text{rántes}$$
$$\text{R. I.} \qquad\qquad 0 - 1$$

Le rythme est donc toujours imparfait. Aussi le vers spondaïque est-il en latin comme une sorte d'anomalie qui finit
par disparaître ou à peu près de la versification.

110. Vers de forme hellénique. — Les règles latines de
la clausule, aussi bien que celles du milieu du vers, ne sont
pas toujours appliquées, surtout par les poètes de l'époque
d'Auguste, quand un pied ou une partie de pied renferme
des syllabes grecques.

Le sentiment très vivant qu'avaient les lettrés de l'art hellénique leur faisait considérer cette langue comme naturelle.
Les mots grecs, surtout les noms propres, correctement
prononcés, gardaient exactement leur coupe avec leur quantité. Virgile et Ovide se sont donc permis les vers suivants,

dont plusieurs renferment de plus un hiatus contraire aux
habitudes latines, et qui n'ont point le rythme ordinaire :

Glauco et Panopeæ, | et Inoo *Melicertæ*.
Munera sunt, lauri | et suave rub*ens hyacinthus*.
Quarum quæ forma pulcherrima *Deiopeam*.
Nereidum matri | et Neptunō *Ægeo*.
Est medium Cyanes et Pisææ *Arethusæ*.

(Virg., *Georg*., I, 437; *Buc*., III, 63; *En*., I, 72; III, 74.
Ovide, *Métam*., V, 409.)

111. La dissimilation latine des hémistiches. — C'est
au rythme tout latin de la clausule que s'oppose naturellement la cadence finale de l'hémistiche. Celle-ci devait donc,
elle aussi, prendre en latin une forme particulière.

La concordance de l'accent rythmique et de l'accent grammatical, qui termine ordinairement le mètre, rendait indispensable une discordance au milieu du vers.

Or la césure trochaïque, préférée des Grecs, amenait nécessairement en latin la concordance à l'hémistiche :

Accipies secúra ; || vocabitur hic quoque vótis.

(Virg., *En*., I, 290.)

Aussi devient-elle beaucoup moins fréquente. On l'évite
surtout quand elle est accompagnée d'une ponctuation qui la
rend plus sensible :

Aut aliquis latet érror : || equo ne credite, Teúcri.

(Virg., *En*., II, 48.)

112. — Les Romains ont dû se rejeter sur la penthémimère.
Mais on ne pouvait bannir la coupe trochaïque, comme on le
fit plus tard dans les rythmes, sans ôter au vers sa variété.

On essaya de corriger cette consonnance excessive par une
discordance voisine. On s'était habitué à la fin du vers à
accentuer les syllabes fortes : la fin de l'hémistiche prenait
un accent contraire. Le vers d'Ennius :

Ore Cethégus Márcus, | Tuditano conléga,

(Ann., 349.)

pouvait ne pas choquer, parce qu'à cette époque la clausule,
d'ailleurs imparfaite encore, n'avait pas pris la forme classique. Mais plus tard, lorsque la concordance des accents
fut établie au 5e et au 6e pied, on dut l'éviter ou la corriger
aux pieds correspondants du premier hémistiche, c'est-à-dire
au 2e et au 3e ; car c'était une faute assez analogue à celle
qu'on commettrait en français si l'on faisait rimer plus ou
moins l'hémistiche d'un alexandrin avec la fin du vers. Ces
règles ne sont pas encore observées rigoureusement par Virgile :

Addam cérea prúna : ‖ honos erit huíc quoque pómo.
In numerum versántque ‖ tenaci fórcipe mássam.

(Buc., II, 53; En., VIII, 452.)

La coupe trochaïque fut donc nécessairement accompagnée
d'une héphthémimère. Il exista dès lors une différence entre
la fin et le milieu du vers, car la ressemblance du 3e pied
avec le 5e n'est que partielle et corrigée par une discordance :

Laudibus obtrec|táre | tú | is. ‖ Satis | íncluta | nomen.

(SILIUS, Pun., XVI, 617.)

La coupe trochaïque finit par cesser d'être réellement une
césure. En effet, elle ne peut guère être suivie d'une ponctuation
qui, attirant l'attention sur elle, supprimerait la dissimilation ;

et l'hephthémimère qui la suit présente souvent, au contraire, une forte pause. Or le grec procède d'une façon directement opposée; dans les vers de ce genre, c'est donc l'hephthémimère qui est véritablement la césure.

113. — Aussi la coupe trochaïque, évitée par les Grecs au 4ᵉ pied, s'y montre régulièrement chez les Latins :

> Signa, pares aquilas et pila | minantia pilis.
> (Lucain, *Pharsale*, I, 7.)

On n'était pas exposé en effet à confondre avec la césure une coupe qui, pour l'oreille latine, ne produisait pas réellement la dissimilation.

114. — Avec une césure hephthémimère seule, la concordance est également bannie du 2ᵉ pied. On n'admet pas :

> Ut ridéntibus arrident, ǁ ita flentibus adflent.
> (Horace, *Art poét.*, 101.)

Virgile ne connaît pas encore cette règle :

> Hirsutúmque supercilium ǁ promissaque barba.
> (Virg., *Buc.*, VIII, 34.)

Mais alors il place au 3ᵉ pied un dactyle, en sorte que si le 2ᵉ pied ressemble au 5ᵉ, le 3ᵉ est complètement différent du 6ᵉ.

La césure hephthémimère est donc presque toujours accompagnée de la coupe trihémimère qui empêche la concordance, mais n'est aucunement indispensable :

> Non cepit | fortuna dúos ǁ....
>
> Laudibus obtrectare tuis ǁ....

115. Les spondées latins. — Le spondée est ordinairement imparfait en latin, mais à divers degrés. Le meilleur pied usuel de ce genre est celui dont la syllabe forte est atone et la syllabe faible accentuée; sa valeur 1 (§ 77). L'imperfection nécessaire de l'accent prosodique est ainsi compensée par l'accent métrique. Aussi les coupes masculines qui produisent ce spondée sont-elles beaucoup plus nombreuses qu'en grec. Ce vers, par exemple, n'a point l'allure hellénique :

Assué|ti lón|go mú|ros de|féndere | béllo.

Le spondée peut être positif, comme on le voit par la mesure des syllabes :

$$Assué \mid ti = 0 + 1.$$

Celui dont la syllabe forte est accentuée est de rythme indifférent :

$$Slántes = 1 - 1 = 0.$$

Le spondée atone est négatif.

$$Incons \mid tántem = 0 - 1 = 0.$$

C'est de tous le plus imparfait.

Pour évaluer un dactyle, on peut ajouter à la valeur des brèves représentée par 1, celle de la longue. Il y a un dactyle imparfait :

$$Mágn \mid um\ Jovis\ (0 + 1 = 1).$$

et un dactyle parfait :

$$Máximus\ (1 + 1 = 2),$$

dont la longue est tonique.

Le spondée atone, à cause de son caractère négatif qui se

rapproche du pyrrhique, a besoin d'être compensé. Il ne
peut l'être par le spondée indifférent. On ne peut donc pas
approuver ce vers :

$$\text{Mensam} \mid \underset{0}{\text{sermo}} \mid \underset{-1}{\text{nesque}} \underset{=-1}{\text{suos rerumque suarum.}}$$

(ENNIUS, Ann., 295.)

Les poètes rachètent cette imperfection par l'emploi soit
d'un spondée positif, ce qui est assez rare après Virgile, soit
d'un dactyle :

$$\text{Cara deum suboles, magn} \mid \underset{+1}{\text{um Jovis}} \mid \underset{-1}{\text{incre}} \mid \underset{=0}{\text{mentum.}}$$

(VIRG., Buc., IV, 43.)

$$\underset{-1}{\text{Et de}} \mid \underset{+1}{\text{frena}} \mid \underset{=0}{\text{to volvuntur in æquora cursu.}}$$

$$\text{Laudibus} \mid \underset{2}{} \text{obtrec} \mid \underset{-1}{} \text{tare tuis. Satis incluta nomen.}$$

(OVIDE, Métam., I, 282. SILIUS, Pun., XVI, 617.)

Dans les vers de cette dernière forme, l'hémistiche se termine souvent par une enclitique :

$$\text{Somnia prostratosque} \parallel \text{canit se vate tyrannos.}$$

(CLAUDIEN, Eutrop., 532.)

Il est probable qu'alors l'accent, qui n'avait pas complètement disparu du 2ᵉ pied (§ 73), rendait le rythme du spondée
plus sensible.

116. — Le pied négatif apparaît avec une double compensation dans l'hémistiche où Lucain et d'autres poètes se plaisent
à enfermer leurs traits :

$$\underset{+}{\text{Non}} \underset{1}{\text{cépit}} \underset{-}{\text{fortúna}} \underset{1}{} \underset{+}{\text{dúos.}}$$
$$+ \quad 1 \; - \; 1 + 1 + 2 = 2$$

Vélle putant quodcúnque potest.

Melius quod plura jubere

Erubuit quam Roma pati.
                    Jam non ad culmina rerum
Injustos crevisse queror : tolluntur in altum
Ut lapsu graviore ruant.
(Lucain, *Phars.*, I, 111; III, 101, 112. Claudien, *In Rufinum*, I, 21.)

Cette combinaison rythmique, tout en restant positive, est remarquable par la grande variété des coupes et des accents : c'est la perfection de l'art latin.

117. — On pourrait d'ailleurs pénétrer plus avant dans l'intelligence de ces détails souvent délicats en employant la notation musicale (§ 75). On voit que les poètes ont cherché, comme toujours, à assurer la régularité du rythme unie à la variété.

118. Règle générale de l'hexamètre latin. — En laissant de côté l'étude d'ailleurs secondaire des formes produites par la compensation, on posera facilement la règle générale à laquelle obéit l'hexamètre latin. Les Grecs avaient obtenu par le rythme musical et le mouvement grammatical la dissimilation des hémistiches : les Romains cherchèrent de plus à l'établir par le rythme propre de leur langage. De là cette loi toute naturelle et par conséquent très simple : *La concordance parfaite de l'accent tonique et de l'accent métrique, régulière au 5e et au 6e pied, est évitée au 2e et au 3e*, ce qui produit la dissimilation latine.

119. — Ovide est le premier qui ait donné à l'hexamètre latin sa véritable forme, régulièrement italique :

Aurea prima sata'st ætas, quæ vindice nullo
Sponte sua, sine lege fidem rectumque colebat...

> Nondum præcipites cingebant oppida fossæ :
> Non galeæ, non ensis erant : sine militis usu
> Mollia securæ peragebant otia gentes....
> Ver erat æternum, placidique tepentibus auris
> Mulcebant Zephyri natos sine semine flores.
>
> (Métam., I, 89 sqq.)

119 *bis*. **Infériorité du vers latin.** — Cette versification, comparée à l'art grec, pèche quelque peu par l'uniformité ; cela tient à ce que l'accent, au lieu d'amener, comme en grec, de la variété dans les formes rythmiques, ajoute, au contraire, à la régularité des mesures. Les mots, obligés de se plier à la fois aux exigences de la quantité et de l'accent, éprouvent une sorte de contrainte qui leur ôte, pour ainsi dire, la souplesse et l'ampleur de leurs mouvements. Les combinaisons possibles, assez peu nombreuses, se reproduisent trop souvent, ce qui finit par produire la monotonie.

120. — **Le vers** *miure*. — L'hexamètre *miure* (μείουρος) ou *téliambe* est issu de l'interprétation erronée de certains vers d'Homère, dans lesquels l'ignorance de l'ancienne prosodie grecque faisait voir un ïambe au 6ᵉ pied. On essaya parfois d'en faire de pareils. Le vers suivant est attribué à Livius Andronicus :

> Derige odorisequos ad certa cubilia cănes.

Ce mètre tout à fait anormal n'est d'ailleurs pas d'usage habituel.

CHAPITRE VIII

LE PENTAMÈTRE DACTYLIQUE

121. — Le pentamètre dactylique s'appelle aussi vers *élé-giaque* : il est employé surtout dans l'élégie et dans l'épi-gramme.

Le pentamètre n'est autre chose qu'un hexamètre auquel on enlève la moitié d'une mesure à la fin de chaque hémistiche.

Hexam. :	—	—	— —	— (—)	— ∪ ∪	— ∪ ∪	— (—)
Pentam. :	—	—	— —	—	— ∪ ∪	— ∪ ∪	—

$$\text{Et quod} \mid \text{tempta} \mid \text{bam} \quad \| \quad \text{dicere,} \mid \text{versus e} \mid \text{rat.}$$

(OVIDE, Trist., IV, x, 26.)

Les deux membres sont toujours séparés par une coupe, et forment deux hémistiches bien isolés.

Les deux premiers pieds complets sont traités librement comme ceux de l'hexamètre. Le vers est doublement catalectique :

$$\bar{\cup\cup} \mid \bar{\cup\cup} \mid \bar{} \| \bar{\cup\cup} \mid \bar{\cup\cup} \mid \bar{}$$

122. Le distique élégiaque. — Mais la répétition perpétuelle de deux phrases rythmiques aussi courtes risque d'engendrer la monotonie, et surtout la clausule uniforme des deux hémistiches qui exclut la césure, et par conséquent la variété dans le mouvement grammatical, lui enlève un des caractères essentiels du vers. Aussi ce mètre n'est-il qu'à

8

demi un vers, et n'est jamais employé κατὰ στίχον : il suit presque toujours un hexamètre avec lequel il forme un distique.

> Ὦ ξεῖν᾽, ἀγγέλλειν Λακεδαιμονίοις, ὅτι τῇδε
> κείμεθα, τοῖς κείνων ῥήμασι πειθόμενοι.
>
> (SIMONIDE, Ep. 92 Bergk.)

> Dic, hospes, Spartæ nos te hic vidisse jacentes,
> Dum sanctis patriæ legibus obsequimur.
>
> (Traduction de CICÉRON.)

123. — Le pied complet qui précède la syllabe finale doit
être un dactyle, sans quoi on ne reconnaîtrait pas le rythme
(§ 47) ; celui qui précède doit être également pur (§ 48), parce
que le mouvement change brusquement au milieu du vers.
La coupe de chaque hémistiche est très variée, mais on évite
en général de répéter dans le premier le rythme et les coupes
du second.

> Τεθνάμεναι γὰρ καλὸν ἐπὶ προμάχοισι πεσόντα
> ἄνδρ᾽ ἀγαθὸν, περὶ ᾗ πατρίδι μαρνάμενον.
> — ◡ ◡ — ◡ ◡ —

> Τὴν δ᾽ αὐτοῦ προλιπόντα πόλιν καὶ πίονας ἀγρούς
> πτωχεύειν, πάντων ἔστ᾽ ἀνιηρότατον,
> — — — — —

> πλαζόμενον σὺν μητρὶ φίλῃ, καὶ πατρὶ γέροντι,
> παισί τε σὺν μικροῖς κουριδίῃ τ᾽ ἀλόχῳ.
> — ◡ ◡ — — —

> Ἐχθρὸς μὲν γὰρ τοῖσι μετέσσεται, οὕς κεν ἵκηται·
> χρησμοσύνῃ τ᾽ εἴκων καὶ στυγερῇ πενίῃ,
> — ◡ ◡ — — —

> αἰσχύνει τε γένος, κατὰ δ᾽ ἀγλαὸν εἶδος ἐλέγχει,
> πᾶσα δ᾽ ἀτιμία καὶ κακότης ἕπεται.
> — ◡ ◡ — — —
>
> (TYRTÉE, fr. 10 Bergk.)

124. Le pentamètre latin. — Les poètes latins en imitant ce mètre ont suivi le génie de leur propre langue : ils se sont surtout attachés au rythme du deuxième hémistiche.

Les différentes combinaisons qui pouvaient être en usage sont à peu près les suivantes :

1ᵉ ingéni|um pópu|li.	5ᵉ consulu|isse ví|a.
2ᵉ tránsit í|ter véti|tum.	6ᵉ non féret | ílle tú|um.
3ᵉ míscet a|micíti|æ.	7ᵉ cógor ha|bére dé|os.
4ᵉ súfficit | ingéni|um.	8ᵉ clássica | bélla fú|gæ.

La première forme est très fautive, car les deux longues fortes étant atones font ressembler les deux dactyles à deux tribraques ; aussi est-elle évitée. Les formes 2, 3, 4, 5, 6, ont un dactyle imparfait, un autre dactyle de rythme satisfaisant : elles ont donc pu être tolérées.

Toutefois, dans les premières (2, 3 et 4), c'est le deuxième dactyle qui est imparfait. Or l'oreille est d'autant plus satisfaite que la meilleure cadence se présente à la fin du vers, où elle est attendue naturellement. Les formes 2, 3, 4 sont donc inférieures aux suivantes. La quatrième est la meilleure, car, si elle n'a pas le mouvement latin, elle ne pèche pas comme les deux autres contre le mouvement grammatical, c'est-à-dire qu'elle n'a pas de coupe qui interrompe le rythme. Les formes 5, 6, 7 et 8, dont le 2ᵉ dactyle a une longue tonique, sont les plus parfaites. Les formes 5 et 6 sont les plus rares parce que le premier dactyle (*non féret*) ne commence pas par une syllabe accentuée à proprement parler : ce dactyle est rare au cinquième pied de l'hexamètre. La 7ᵉ est moins satisfaisante que la forme 8, parce qu'elle est un peu monotone à cause de la répétition de la même coupe ; tandis que l'autre est plus heureusement variée.

125. — Or, si l'on examine les vers des poètes latins, on voit que la fréquence de ces formes correspond à leur valeur. Les premières ne se rencontrent que dans Catulle et dans Properce ; la quatrième a été bannie par Ovide de son poème des *Amours*, qui, au point de vue métrique, est le plus parfait modèle de la versification élégiaque des Latins. Toutefois le poète n'a pas persisté dans une sévérité qui entraînait sans doute trop de monotonie. Chez tous les auteurs, la forme 5 est relativement rare, la forme 6 déjà plus fréquente, mais les formes 7 et 8 sont véritablement des formes normales et régulières. La forme *mens caluisse viro* est très rare à cause de l'emploi peu naturel du monosyllabe accentué (§ 85). Il ne faut pas la confondre avec *et voluisse pudet* qui rentre dans la cinquième catégorie.

126. — Le pentamètre latin, dont la fin est réduite à ces coupes, est d'une monotonie assez sensible. Les poètes cherchent autant que possible à faire en sorte que le premier membre ne ressemble pas au second.

> Quo properas, Aurora? mane; sic Memnonis umbris
>
> Annua sollemni cæde parentet avis....
>
> Nunc etiam somni pingues, nunc frigidus humor,
>
> Et liquidum tenui gutture cantat avis.
>
> . . . .
>
> Tu pueros somno fraudas, tradisque magistris,
>
>   Ut subeant teneræ verbera sæva manus.
>
> Tu, cum feminei possint cessare labores,
>
>   Lanificam revocas ad sua pensa manum....
>
> Optavi quotiens ne nox tibi cedere vellet,
>
>   Ne fugerent vultus sidera mota tuos....

Jurgia finieram : scires audisse : rubebat.
Nec tamen adsueto tardius orta dies.

(OVIDE, *Am.*, I, XIII.)

Ces vers ont une certaine uniformité : c'est l'imperfection naturelle et nécessaire de la versification latine.

127. Autres vers dactyliques. — Le vers épique et le pentamètre sont les mètres les plus connus du genre dactylique ; mais il en est d'autres plus courts, qui chez les Latins se joignent ordinairement à l'hexamètre pour former des strophes. Horace notamment a employé les formes suivantes :

128. Première strophe archiloquienne. — Hexamètre dactylique suivi d'un petit *archiloquien*, vers dactylique trimètre catalectique :

Diffugere nives, redeunt jam gramina campis
    Arboribusque comæ ;
Mutat terra vices, et decrescentia ripas
    Flumina prætereunt.
    — ∪ ∪ | — ∪ ∪ | —

(*Odes*, IV, VII, 1-4.)

129. Strophe alcmanienne. — Hexamètre suivi d'une tétrapodie dactylique, qu'on appelle vers *falisque*.

Laudabunt alii claram Rhodon aut Mytilenen
    Aut Epheson bimarisve Corinthi
Mœnia vel Baccho Thebas vel Apolline Delphos
    Insignis aut Thessala Tempe.
    — ∪ ∪ | — ∪ ∪ | — ∪ ∪ | — —

(*Odes*, I, VII, 1-4.)

L'uniformité de la clausule à l'égard de l'accent donne à cette strophe une certaine monotonie.

130. Strophe pythïambique. — Hexamètre suivi d'un vers ïambique (§ 137) :

Altera jam teritur bellis civilibus ætas,
Suis et ipsa Roma viribus ruit.
◡ — ◡ — ◡ — ◡ — ◡ — ◡ — ◡ —

(Hor., Epodes, XVI, 1-2.)

Le vers ïambique ainsi employé a tous ses pieds purs et porte six temps forts; c'est donc un véritable hexamètre, joint à un autre hexamètre.

CHAPITRE IX

LE MÈTRE ANAPESTIQUE

131. Rapport étroit entre les mètres anapestiques et dactyliques. — Le mètre anapestique est dérivé directement du mètre dactylique. Si on le ramène à ce rythme primitif, en commençant la scansion par le dernier pied complet, toute série anapestique un peu longue présente d'habitude la coupe penthémimère de l'hexamètre dactylique, et, à cet égard, n'a pas besoin d'être étudiée à part ; mais elle diffère essentiellement du vers épique, par ce fait que les longues fortes peuvent être résolues.

Τί γὰρ | εὔδαι | μον καὶ | μακαρισ | τὸν ‖ μᾶλ | λον νῦν | ἐστὶ δι | καστοῦ;

(ARISTOPH., Vesp., 550.)

La césure est parfois trochaïque :

Τῶν | ἀργυρί | ων· αὐ | τοὶ γὰρ ἴ | σασι· ‖ λέ | γουσι δέ | τοι τάδε | πάντες.

(Aves, 600.)

Il est rare que la césure porte sur des brèves :

Ὡς οὐ καθορῶ. Παρὰ τὴν εἴσοδον. ‖ Ἤδη νυνὶ μόλις οὕτως.

(Nub., 326.)

On peut scander les anapestes en commençant par le commencement, en sorte que le premier pied est complet, et la série est catalectique :

Τί γὰρ εὔδαιμον καὶ μακαριστὸν‖μᾶλλον νῦν ἐστὶ δικαστοῦ.
⌣ ⌣ –|– –| – ⌣⌣ |– – | – – |– –|⌣ ⌣ –|–

132. Mètre anapestique libre. — Il y a deux sortes de mètres anapestiques. Les uns sont scandés par monopodies et tous les pieds sont frappés : le dactyle peut apparaître à toutes les places, sauf à la fin de la série.

Exemple de tétrapodies :

Ἅρματα μὲν τάδε λαμπρὰ τεθρίππων
– ⌣ ⌣ – ⌣ ⌣ – ⌣ ⌣ – –

Ἥλιος ἤδη κάμπτει κατὰ γῆν.
– ⌣⌣ – – – – ⌣ ⌣

(EURIP., Ion., 83.)

Ce mètre est assez fréquent dans Euripide; on le trouve aussi dans les vieux poètes latins :

O pater, o patria, o Priami domus,
– ⌣ ⌣ – ⌣ ⌣ – ⌣ ⌣ – ⌣ ⌣

Sæptum altisono cardine templum.
– – – ⌣ ⌣ – – ⌣ ⌣ – –

(ENNIUS, ap. Cic. Tusc., III, 19.)

Les métriciens l'appellent parfois mètre dactylique, parce qu'en effet il n'a pas exclusivement le rythme anapestique; c'est un rythme du genre égal, sans mouvement bien déterminé. Il est employé en tétrapodies parfois entremêlées de dipodies et répétées un certain nombre de fois; la dernière est catalectique :

Ἄστρα δὲ| φεύγει| πυρὶ τῷδ'| αἰθέρος
– ⌣ ⌣| – – | ⌣ ⌣ – | – ⌣ ⌣

εἰς νύχθ'| ἱεράν,
– – | ⌣⌣ –

Παρνη | σιάδες | δ' ἄβατοι | κορυφαὶ
‒ ‒ | ‒ ◡ ◡ | ◡ ◡ ‒ | ◡ ◡ ‒

καταλαμ | πόμεναι | τὴν ἡ | μερίαν
◡ ◡ ‒ | ◡ ◡ ‒ | ‒ ‒ | ◡ ◡ ‒

ἀψῖ | δα βροτοῖ | σι δέχον | ται.
‒ ‒ | ◡ ◡ ‒ | ◡ ◡ ‒ | ‒

(Eur., Ion, 84 sqq.)

133. Mètres anapestiques usuels. — Les anapestes
ordinaires se scandent par dipodies; le deuxième pied de la
dipodie, sauf de rares exceptions dans les comiques, a le
mouvement normal : il est, par conséquent, anapeste ou spondée. Le premier peut être un dactyle; mais alors il n'est pas
suivi d'un anapeste, ce qui amènerait quatre brèves de suite;
le procéleusmatique (◡◡◡◡) est évité.

134. Le vers aristophanien. — Le dimètre complet,
uni au dimètre catalectique ou *parémiaque* (παροιμιακός), forme
un tétramètre catalectique, qui peut être quelquefois spondaïque, c'est-à-dire remplacer l'anapeste par un spondée au
dernier pied complet. Ex. :

Εὐφη | μεῖν χρὴ | κἀξίσ | τασθαι | τοῖς ἡ | μετέροι | σι χοροῖ | σιν.
‒ ⊥ | ‒ ⊥ | ‒ ⊥ | ‒ ⊥ | ‒ ⊥ | ◡ ◡ ⊥ | ◡ ◡ ⊥ | ‒

(Ran., 354.)

Ἄγετ', ὦ | Σπάρτας | ἔνοπλοι | κοῦροι, | ποτὶ τὰν | Ἄρεος | κίνα | σιν.
◡ ◡ ⊥ | ‒ ⊥ | ◡ ◡ ⊥ | ‒ ⊥ | ◡ ◡ ⊥ | ◡ ◡ ⊥ | ‒ ⊥ | ‒

(Tyrtée, fr. 16 Bergk.)

Ce vers est souvent appelé *aristophanien*, parce que
Aristophane l'a employé dans ses parabases.

Dans les tragiques, le dimètre répété à plusieurs reprises,
accompagné parfois de monomètres, forme un système dont
le parémiaque est la clausule :

Τίς ποτ' ἄρ' ἀστὴρ ὅδε πορθμεύει
‒ ◡ ◡ ‒ ⊥ | ◡ ◡ ⊥ ‒ ⊥

σείριος ἐγγὺς τῆς ἑπταπόρου
— ⏑ ⏑ — ⏌ | — ⏌ ⏑ ⏑ ⏌

Πλειάδος ἄσσων ἔτι μεσσήρης ;
— ⏑ ⏑ — ⏌ | ⏑ ⏑ ⏌ — ⏌

Οὔκουν φθόγγος γ᾽ οὔτ᾽ ὀρνίθων
— ⏌ — ⏌ | — ⏌ — ⏌

οὔτε θαλάσσης · σιγαὶ δ᾽ ἀνέμων
— ⏑ ⏑ — ⏌ | — ⏌ ⏑ ⏑ ⏌

τόνδε κατ᾽ Εὔριπον ἔχουσιν.
— ⏑ ⏑ — ⏌ | ⏑ ⏑ ⏌ —

(Eur., Iph. à Aul., 6 sqq.)

135. Anapestes latins. — On trouve des anapestes dans les plus anciens poètes latins. Les plus faciles à étudier sont ceux de Sénèque, qui sont des dimètres complets, auxquels se mêle parfois un monomètre.

Audax nimium qui freta primus,
— ⏌ ⏑ ⏑ ⏌ — ⏑ ⏑ — ⏌

Rate tam fragili perfida rupit,
⏑ ⏑ ⏌ ⏑ ⏑ ⏌ — ⏑ ⏑ — ⏌

Dubioque secans æquora cursu
⏑ ⏑ ⏌ ⏑ ⏑ ⏌ — ⏑ ⏑ — ⏌

Potuit tenui fidere ligno.
⏑ ⏑ ⏌ ⏑ ⏑ ⏌ — ⏑ ⏑ — ⏌

(Médée, 301.)

Ces vers sont soumis aux lois du rythme latin. Le pied qui est à peine frappé n'est jamais privé d'accent. Une dipodie ne peut pas être formée d'une seule partie du discours, car le premier pied aurait l'air d'un pyrrhique ou d'un tribraque, ce qui choquerait dans un vers aussi court :

Prosilu | isset

Rythme italique : -1 $+1 + 0 = 0$

Inconst | antes

Rythme italique : $-1 - \frac{1}{2}$ $+1 + 0 = -\frac{1}{2}$

La règle latine de compensation donne une quantité nulle ou négative (§ 78), et le rythme est très imparfait.

136. — Les dimètres de Sénèque n'ont jamais, comme ceux des Grecs, la coupe qui correspondrait, dans l'hexamètre dactylique, à la césure trochaïque. On ne pourrait guère en latin composer des vers tels que :

> Dædala | natú | ra parens | rérum.
> Aut tec | ta palú | de fuit | nígra.

En effet, *natú*, pied important, ressemble trop à un ïambe, et d'autre part l'anapeste *ta palú*, qui est parfait à cause de sa tonique longue, serait supérieur à l'anapeste final, qui, ayant nécessairement une longue atone, ne peut être qu'imparfait. Or, c'est à la fin du vers que le rythme doit être le plus sonore.

En vertu de la règle du § 135, le dactyle du pied non frappé a toujours une longue tonique. D'autre part, il ne peut être suivi que d'un spondée, sans quoi on aurait quatre brèves de suite ; et la syllabe finale de ce dernier pied, en vertu de la deuxième règle, doit toujours terminer la dipodie. Les formes les plus fréquentes :

> aéquora cúrsu
> régna pótentes,
> — ⊥ ◡ — ⊥

quoique frappées à la façon anapestique, se trouvent donc être semblables à la clausule de l'hexamètre.

C'est ce qui nous explique pourquoi Sénèque, contrairement à l'usage des Grecs, n'emploie pas le parémiaque. Ce dernier vers, en effet, qui correspond à la fin de l'hexamètre épique (§ 108), devait être accentué de même $\bot \cup \cup \bot -$:

Dimètre :   Potuit tenui | fidere | ligno.

Parémiaque :   Et tenui fidere ligno.

Or *fidere ligno* se trouverait dans les dimètres avec le frappé $- \bot \cup - \bot$, et dans le parémiaque il aurait la forme $\bot \cup \cup \bot -$. L'oreille était sans doute désorientée et choquée par l'interprétation rythmique différente donnée artificiellement à une cadence très latine, et qui était naturellement unique dans la prononciation.

CHAPITRE X

LE TRIMÈTRE IAMBIQUE

137. Trimètre pur des *ïambographes*. — Les vers ïambiques présentent un double caractère déjà signalé dans les anapestes. Les uns se scandent par pieds, les autres par dipodies.

Le vers le plus important, dans le genre double comme dans le genre égal, est le vers de six pieds.

Quand il est pur, il se compose de six ïambes : c'est ainsi qu'on le trouve chez Archiloque, qui passe pour l'inventeur du genre :

Πάτερ Λυκάμβα, ποῖον ἐφράσω τόδε ;

(Fr. 94 Bergk.)

Le *Phaselus* de Catulle ne renferme que des ïambes purs :

> Phaselus ille quem videtis, hospites,
> Ait fuisse navium celerrimus,
> Neque ullius natantis impetum trabis
> Nequisse præterire, sive palmulis
> Opus foret volare, sive linteo.

(*Carm.*, IV, 1-5.)

138. Le trimètre des poètes dramatiques. — Dans la scansion de ces vers, chaque pied était frappé ; le vers ainsi construit était un *hexamètre*. Mais ce rythme, dont les temps

forts sont très rapprochés les uns des autres, est monotone et
sautillant. Pour lui donner un peu plus de gravité et de variété.
on s'avisa de réunir deux pieds sous un seul temps fort et de
le scander, non plus pied par pied, mais par dipodie, ce qui
ralentit le mouvement. En outre on écarta la monotonie des
ïambes successifs en plaçant à volonté un spondée, c'est-à-
dire un pied de quatre temps, dans la mesure qui n'était plus
bien marquée (§ 21). Ce spondée se rencontre déjà dans les
vers les plus antiques :

$$\text{Πολλὸν δὲ πίνων καὶ χαλίκρητον μέθυ.}$$
$$-\ \underline{\perp}\ \cup\ \underline{\perp}\ |\ -\ \ \perp\ \ \cup\underline{\perp}\ |\ -\underline{\perp}\ \ \cup\ \underline{\perp}$$

(ARCHILOQUE, fr. 78 Bergk.)

139. — Le vers, ainsi réduit à trois mesures comprenant
chacune deux pieds primitifs, prit le nom de trimètre. Toutefois, en latin, il garda, malgré cette transformation, le
nom de *senarius*.

140. Césures du trimètre ïambique. — La dipodie,
pied fondamental du mètre ïambique, se compose en général
de quatre syllabes, dont la dernière est la finale du vers :

$$\underline{\cup}\ \perp\ \cup\ \underline{\perp}$$
$$1\ \ 2\ \ 3\ \ 4$$

Donc, pour qu'il y ait césure, c'est-à-dire pour établir
une dissimilation entre les deux hémistiches, il faut que la
finale du premier soit l'une des trois autres syllabes. De ces
trois syllabes, celle qui s'oppose le mieux à la dernière, qui
est forte, c'est la première, qui est faible et éloignée ; ensuite
la troisième, qui est faible, mais plus rapprochée ; enfin la
deuxième, qui garde une sorte de temps fort effacé et secondaire.

141. — L'opposition de la première syllabe à la quatrième donne l'opposition la meilleure, et, par suite, la césure plus usitée, qui est la penthémimère ; elle coupe le vers après deux pieds et demi :

$$\text{Ἀκτὴ μὲν ἥδε τῆς περιρρύτου χθονός.}$$

$$\text{Οὔτοι συνέχθειν, ‖ ἀλλὰ συμφιλεῖν ἔφυν.}$$

(SOPHOCLE, Phil., 1 ; Antig., 523.)

L'opposition est moins marquée dans le deuxième vers, parce que la finale, qui est longue, est opposée à une longue, ce qui indique moins bien le contraste.

142. — L'opposition de la 3e syllabe amène l'hephthémimère, moins parfaite que la précédente.

$$\text{Ὦ κοινὸν αὐτάδελφον ‖ Ἰσμήνης κάρα.}$$

(SOPH., Antig., 1.)

$$\text{Ὁ πλοῦτος, ἀνθρώπισκε, ‖ τοῖς σοφοῖς θεός.}$$

(EURIPIDE, Cyclope, 316.)

L'opposition moins accentuée de la 2e produit une césure qui, beaucoup plus rare, n'a pas reçu de nom particulier :

$$\text{Κοὐδ' ἐν χρόνῳ μακρῷ ‖ διδαχθῆναι θέλεις;}$$

(SOPH., El., 330.)

143. — Après cette coupe, les tragiques placent un mot de 4 syllabes, et évitent de remplir chacun des 3 derniers pieds avec un mot ; ce qui nuirait à la dissimilation : la ressemblance parfaite qui existerait alors entre le 4ᵉ et le 6ᵉ pied, qui sont purs, risquerait d'effacer le contraste produit entre le 3ᵉ et le 6ᵉ, qui n'est déjà pas très sensible.

144. Rythme grammatical. Pieds de trois temps. —

L'ïambe ∪−, pied fondamental du genre, est employé avec n'importe quelle forme à toutes les places du vers.

Le tribraque ∪∪∪ ne peut être partagé par une coupe en 2 + 1 : ἄν | εμος | ὅ | δε ; car il prendrait la forme trochaïque (§ 23 et 24), et le rythme serait faux. Il peut l'être en 1 + 2 ἄνεμ | ος | ὅδε. Mais comme il est indifférent par lui-même et vaut 0, cette coupe intérieure et par suite négative lui donne le rythme négatif : 0 − 1 = − 1. Il est nécessaire de compenser cette infériorité par le voisinage d'un ïambe :

Βαθεῖαν ἄλοκα διὰ φρενὸς καρπούμενος.
∪ ⊥ ∪ ↓∪

(Eschyle, *Sept*, 593.)

Quand le tribraque est coupé par la césure, les plus anciens poètes, afin d'éviter l'ionique mineur grammatical ∪∪−−, placent rarement un spondée dans le pied suivant :

Τῷ δ' ἀθλίας ἄσημα ‖ περιβαίνει βοῆς.
| ∪   ∪ ∪ | − − |

(Soph., *Antig.*, 1209.)

Le tribraque s'emploie couramment avec une coupe initiale ou finale, c'est-à-dire positive.

Ἑρμῆ χθόνιε, πατρῷ' ἐποπτεύων κράτη.
| ∪ ↓ ∪ |

(Esch., *Choéph.*, 1.)

Il prend alors la valeur 0 + 1 = 1, c'est-à-dire qu'il est d'un rythme positif.

145. Emploi du spondée. — Le spondée est admis aux pieds impairs, mais il ne peut être coupé en deux que par la césure. En effet, la loi générale de la césure domine celle de la compensation; mais à l'intérieur des hémistiches ce pied de mesure inexacte (— 1, § 25) ne peut avoir un mouvement grammatical imparfait qui l'amènerait à — 2 et l'empêcherait d'être suffisamment compensé. Cette faute se trouve dans le vers suivant :

$$\text{Ἄτλας, ὁ χαλκέοισι νώτοις οὐρανόν.}$$

$$—\quad —\ \cup\ —$$

R.   — 1
M. G.   — 1

(EURIPIDE, *Ion.*, 1.)

Pour que le vers fût juste, il faudrait écrire νώτοις χαλκέοισιν. Le spondée doit donc être indifférent au point de vue grammatical, ou mieux être renforcé par une coupe positive.

Absence de coupe :

$$\text{Ἀλλ' ὧν δέδωκ' εὔνοιαν ἐξ | ηγού | μενος.}$$

(ESCHYLE, *Prom.*, 466.)

$$\text{Φέρ' εἰπὲ δὴ τὸ δεινόν· εἰ | γὰρ τῶν | δέ μοι.}$$

M. G. =   o

(SOPH., *El.*, 376.)

Εἰ γὰρ τῶνδε forme une seule partie du discours, naturellement réunie sous un seul accent.

Coupes positives et négatives, compensées l'une par l'autre :

$$\text{Δεῖ μ', ὡς | ἔοι κε, μὴ κακὸν φῦναι λέγειν.}$$

R. G. = 1 — 1

$$\text{Εἰς ταὐτόν, ὦ θύγατερ, ἥκ | εις σῷ | πατρί.}$$

— 1 + 1

(EURIP., *Méd.*, 522; *Iph. à Aul.*, 665.)

Coupes positives :

$$\pi o\lambda\lambda\grave{\eta}v\,|\,\beta o\acute{\eta}v\cdot\ \breve{\omega}\ \pi\alpha\widetilde{\iota}\delta\epsilon\varsigma\ \mathrm{'E\lambda\lambda}\,|\,\acute{\eta}v\omega v\,|,\ \breve{\iota}\tau\epsilon.$$

M. G. $= 1 + 1$ $+ 1$

(ESCHYLE, Pers., 402.)

La dernière forme est évidemment supérieure aux autres et plus couramment employée. Le philologue anglais Porson a le premier observé que les tragiques, au 5ᵉ pied du trimètre, évitent de couper un spondée. Ce n'est là qu'une des applications d'une loi très générale.

146. Dactyles et anapestes. — Le spondée peut être remplacé par des pieds de quatre temps ; mais ces derniers sont moins tolérables, car, au lieu d'un rythme effacé, ils donnent un mouvement différent de celui de l'ïambe.

Le procéleusmatique surtout est trop désordonné pour avoir un caractère tragique. L'anapeste est parfois employé pour remplacer le spondée, parce que, s'il n'a pas la même mesure que l'ïambe, il a du moins un mouvement de même sens.

On le trouve surtout au premier pied :

$$\Pi\alpha\rho\acute{\epsilon}\chi\omega v\cdot\ \mathrm{"A}\rho\eta\ \tau\grave{o}\ \varkappa\alpha\tau'\ \grave{\epsilon}\mu\grave{\epsilon}\ \varkappa o\sigma\mu\acute{\eta}\sigma\omega\ \delta o\rho\acute{\iota}.$$
$$\Lambda\epsilon\lambda o\gamma\iota\sigma\mu\acute{\epsilon}vo\iota\ \gamma\grave{\alpha}\rho\ o\acute{\iota}\ \tau o\iota o\acute{\iota}\delta'\ \epsilon\grave{\iota}\sigma\grave{\iota}v\ \beta\rho o\tau\widetilde{\omega}v.$$
$$\smile\ \smile\ -$$

(EURIP., Iph. à Aul., 931, 922.)

L'anapeste sert le plus souvent à faire admettre dans le vers un nom propre qui ne saurait y entrer autrement, et, même, avec cette excuse, il se trouve quelquefois aux pieds pairs.

$$\mathrm{T\acute{\epsilon}\varkappa vo v}\ \tau\upsilon\varphi\lambda o\widetilde{\upsilon}\ \gamma\acute{\epsilon}\rho o\nu\tau o\varsigma,\ \mathrm{'A}\nu\tau\iota\gamma\acute{o}v\eta,\ \tau\acute{\iota}v\alpha\varsigma.$$
$$\smile\ \smile\ -$$

(SOPH., Œd. à Col., 1.)

Le dactyle, de mouvement contraire à l'ïambe, est banni

du 5e pied ; il donnerait une fin de vers trop heurtée ; mais on le trouve assez régulièrement au 1er et au 3e ;

Οὐ Σύριον ἄγλαισμα δώμασιν λέγεις.
— ∪ ∪
(Esch., *Agam.*, 1312.)

Κόλχων ἐς αἶαν, κυανέας Συμπληγάδας.
— ∪ ∪
(Eurip., *Méd.*, 2.)

Le mouvement grammatical des pieds de quatre temps, comme celui des spondées, doit être sensible ou indifférent, mais jamais imparfait.

Quant au mouvement fautif qui séparerait les deux brèves formant la résolution d'une longue, il est absolument banni de la versification tragique.

147. Vers des tragiques. — La résolution plus ou moins fréquente des longues fortes ou faibles donne naturellement au vers un caractère plus vif et plus rapide. Le véritable trimètre tragique, pour les anciens, est celui qui a trois spondées.

῝Ηκω Διὸς παῖς τήνδε Θηβαίαν χθόνα.
(Cité par Héphestion, 152. W.)

C'est dans Eschyle qu'on trouve le plus de vers de cette sorte. Dans Euripide, le mètre est beaucoup plus mouvementé et se rapproche de celui des comiques.

La dissimilation des pieds ne paraît pas aussi sensible que dans l'hexamètre, car elle est produite par le rythme lui-même. Ainsi dans le vers

῏Ω τέκνα, Κάδμου τοῦ πάλαι νέα τροφή,
∪ ⊥ ∪ ⊥
(Soph., *Œd. roi*, 1.)

il ne faut pas voir dans νέα τροφή deux pieds de même rythme coupés d'une façon semblable : νέα ne porte qu'un faible accent métrique, tandis que τροφή finit avec une longue forte. Il y a une différence sensible. Ainsi donc, en règle générale, les tragiques, tout en observant la mesure, rachètent un rythme effacé par le mouvement grammatical ; aux pieds impairs, ils peuvent s'écarter de la mesure, mais à condition de ne pas joindre à l'imperfection du rythme celle du mouvement grammatical.

148. Le vers des comiques. — Le trimètre des comiques est construit moins rigoureusement, et cette négligence était voulue. En effet, si dans les vers tragiques la mesure avait déjà quelque chose de flottant, les mots, pliés à des règles encore trop nombreuses, y gardent un air digne, mais solennel, qui ne serait pas naturel dans la comédie. Les Grecs cherchent donc, tout en faisant des vers qui ne puissent pas être pris pour de la prose, à leur donner un tour qui se rapproche du langage familier.

La versification des comiques diffère de celle des tragiques en deux points principaux :

L'ïambe reste toujours au 6ᵉ pied, où il maintient le rythme final ; mais, au 2ᵉ et au 4ᵉ, on chercha à lui substituer un pied de quatre temps. On ne pouvait employer le spondée, dont le rythme effacé aurait détruit le mouvement général du vers ; ni le dactyle, dont le mouvement est contraire à celui de l'ïambe. On se servit de l'anapeste, qui appartient au genre double, mais qui du moins a comme l'ïambe un mouvement ascendant :

᾿Ω Ζεῦ βασιλεῦ, τὸ χρῆμα τῶν νύχτων ὅσον.

᾿Εγὼ δὲ μισῶ μὲν Λακεδαιμονίους σφόδρα.

(Aristoph., Nub., 2; Acharn., 509.)

D'ailleurs les résolutions qui amènent les pieds de trois ou quatre syllabes sont fréquentes à toutes les places du vers, sauf au dernier pied; elles étaient pour les anciens des caractères distinctifs de la versification comique :

Καὶ φρένα μὲν οὐκ ἐθέλουσαν ὀμόσαι καθ' ἱερῶν.
(Cité par HÉPHESTION, 152. W.)

Les comiques négligent parfois le mouvement grammatical; chez eux le spondée peut avoir une coupe négative :

ἐς τὰ βασίλει' ἤλθομεν.
| – | – |
(ARISTOPH., *Acharn.*, 80.)

Il en est de même du dactyle et de l'anapeste, quelquefois aux pieds pairs :

Τί δῆτα ληρεῖς, ὥσπερ ἀπ' ὄνου καταπεσών;
| – | ∪ ∪ |

Τοῖς πέντε ταλάντοις, οἷς Κλέων ἐξήμεσεν.
| ∪ | ∪ – |
(ID., *Nub.*, 1273; *Ach.*, 6.)

On rencontre même des tribraques d'apparence trochaïque; peut-être seraient-ils supprimés par une étude attentive de la prosodie :

Ἐμὲ μὲν σὺ πολλοὺς τὸν πατέρ' ἐλαύνεις δρόμους.
∪ ∪ | ∪
(ID., *Nub.*, 29.)

Les comiques observent les lois de la césure, mais avec une certaine négligence.

Καὶ τὰς συνόδους τὰς || νυκτερινὰς ἐπὶ τῇ πόλει.
– – ∪ ∪ ⊥ – – ∪ ∪ ⊥ ∪ ∪ – ∪ ⊥
(*Eq.*, 477.)

La césure paraît être après τάς, ce qui est peu naturel.

149. Vers ïambiques autres que le trimètre. — Il y a des vers ïambiques autres que le trimètre, les uns plus courts, les autres plus longs. Les principaux sont les suivants :

1° Le tétramètre acatalecte, composé de huit pieds : c'est un trimètre précédé de deux pieds. Ce vers est assez rare en grec.

δέξαι με κωμάζοντα, δέξαι, λίσσομαί σε, λίσσομαι.

$$- - \; \cup \; \overset{\perp}{} \; - \; - \; \cup \; \overset{\perp}{} \; - \; - \; \cup \; \overset{\perp}{} \; \cup \; - \; \cup \; \overset{\perp}{}$$

(ALCÉE.)

2° Le tétramètre catalectique nommé par les Latins *septénaire*, qui n'est autre que le précédent auquel on ôterait la dernière syllabe. Le dernier pied complet est nécessairement pur, en vertu de la loi des clausules rythmiques (§ 47). Le vers finissant avec la 3ᵉ syllabe d'une dipodie, l'hémistiche se trouve ordinairement après la 4ᵉ.

Εἴ μοι γένοιτο παρθένος ‖ καλή τε καὶ τέρεινα

$$- \; - \; \cup \; \overset{\perp}{} \mid \cup \; - \; \cup \; \overset{\perp}{} \parallel \cup \; - \; \cup \; \overset{\perp}{} \; \cup \; \overset{\perp}{} \mid -$$

(HIPPONAX.)

3° Le trimètre catalectique :

Mea renidet in domo lacunar.

$$\cup \; - \; \cup \; - \; \cup \; - \; \cup \; - \; \cup \; - \mid -$$

(HOR., *Od.*, II, XVIII, 2.)

4° Le dimètre complet :

Ut prisca gens mortalium.

$$- \; - \; \cup \; - \; - \; - \; \cup \; -$$

(ID., *Epod.*, II, 2.)

Horace le joint au trimètre. Les poètes chrétiens ont souvent employé ce mètre dans les hymnes :

> O luce qui mortalibus
> Lates inaccessa, Deus,
> Præsente quo Sancti tremunt,
> Velantque vultus Angeli.

5° Le dimètre catalectique ou mètre anacréontique, dont le premier pied peut être un anapeste :

Ἐρασμίη πέλεια
πόθεν, πόθεν πέτασσαι ;

(ANACRÉON.)

Quonam cruenta Mœnas
Præceps amore sævo...
Rapitur? quod impotenti
Facinus parat furore?

(SÉNÈQUE, *Med.*, 852.)

Ce vers est également employé en strophes par les poètes chrétiens.

6° Le dimètre hypercatalectique fait partie de la strophe alcaïque (§ 202).

7° Système ïambique. Si l'on répète plusieurs fois de suite le premier colon d'un tétramètre catalectique en ajoutant ensuite le dernier, on forme un système :

Δήμητερ, ἀγνῶν ὀργίων
ἄνασσα, συμπαραστάτει,
καὶ σῶζε τὸν σαυτῆς χόρον
καί μ' ἀσφαλῶς πανήμερον

παῖσαί τε καὶ χορεῦσαι.

(ARISTOPHANE, *Ran.*, 384 sqq.)

150. Vers trochaïques. — Les vers trochaïques peuvent tous être ramenés au genre ïambique, dont ils sont issus.

Le plus usité est le tétramètre catalectique ou *septénaire*, composé de sept pieds et demi, et qui comprend un trimètre précédé d'un pied et demi.

Μῆτερ ἡ Ξέρξου γεραιά, χαῖρε, Δαρείου γύναι.

(ESCHYLE, *Pers.*, 156.)

Les coupes et le rythme sont les mêmes. La césure correspond à la penthémimère du trimètre, plus rarement à l'hephthémimère :

Εἰ δόχει στείχωμεν. Ὦ γενναῖον εἰρηχὼς ἔπος.
— ◡ — ┊ — — ◡ — — — ◡ ‖ — — — ◡ —

(Sophocle, Phil., 1402.)

Ce vers se trouve dans Sénèque :

Sidera et manes et undas scelere complevi meo ;
Amplius sors nulla restat : regna me norunt tria.

(Hipp., 1210.)

Si l'on partage le septénaire en deux parties en observant
la coupe de l'hémistiche et qu'on répète la première plusieurs
fois de suite, on forme un système :

Τοῦτο τοῦ μὲν ἦρος ἀεὶ
— ◡ — ◡ — ◡ — —

βλαστάνει καὶ συκοφαντεῖ,
— ◡ — — — ◡ — —

τοῦ δὲ χειμῶνος πάλιν τὰς
— ◡ — — — ◡ — —

ἀσπίδας φυλλορροεῖ.
— ◡ — — — ◡ —

(Aristophane, Av., 1478.)

La césure de ce vers est parfois négligée par les comiques
comme dans le trimètre ïambique.

Les autres vers trochaïques sont peu usités ; un des plus
fréquents est le dimètre catalectique :

Non ebur neque aureum.
— ◡ — ◡ — ◡ —

(Hor., Odes, II, xviii, 1.)

151. — Horace joint ensemble, pour former une strophe :

1º Le trimètre ïambique et le dimètre :

> Beatus ille qui procul negotiis
> Ut prisca gens mortalium.
>
> *(Epod.,* II, 1.)

2º Le dimètre trochaïque catalectique et le trimètre ïambique également incomplet :

> Non ebur neque aureum
> ‒ ◡ ‒ ◡   ‒ ◡ ‒
>
> Mea renidet in domo lacunar.
> ◡ ‒ ◡ ‒ ◡ ‒ ◡ ‒ ◡ ‒ ‒
>
> *(Od.,* II, xviii, 1-2.)

Ces vers, au point de vue du rythme, se suivent naturellement et pourraient être écrits sur une seule ligne : c'est pourquoi ils peuvent former une strophe.

152 Le vers hipponactéen. — Le vers inventé par le poète Hipponax, et qui s'appelle pour cette raison *hipponactéen*, est un trimètre ïambique terminé, non par un ïambe, mais par un spondée. Le 5e pied est nécessairement un ïambe, sans quoi la présence de quatre longues successives (§ 47) effacerait entièrement le rythme. Comme le mètre ïambique marche règulièrement, pour ainsi dire, à l'aide de deux pieds, l'un de mesure exacte, l'autre plus libre, la substitution de l'un à l'autre, et le changement de mouvement qui en résulte, donnent à ce vers une allure irrégulière qui l'a fait nommer *scazon* ou *boiteux*; on l'appelle aussi *choliambe* :

> Δὸς χλαῖναν Ἱππώνακτι· κάρτα γὰρ ῥιγῶ.
> ‒   ‒ ◡ ‒ | ‒ ‒ ◡ ‒ | ◡ ‒ ‒ ‒
>
> (Hipponax.)

Claudum trimetrum fecit aliter Hipponax.

(TERENTIANUS MAURUS.)

Nec labra fonte prolui caballino,
Nec in bicipiti somniasse Parnasso,
Memini, ut repente sic poeta prodirem.

(PERSE, *Prol.*, 1.)

Il y a aussi des tétramètres trochaïques catalectiques dont la fin présente la même structure :

Καὶ δικάσσασθαι Βίαντος τοῦ Πριηνέος κρέσσων.

(HIPPONAX.)

153. — L'ïambe pouvait être mêlé à l'anapeste, qui est de genre différent, pour former des vers de rythme varié :

Ἐρασμονίδη Χαρίλαε, χρῆμά τοι γέλοιον.

(ARCHILOQUE.)

154. — Un dimètre ïambique joint au deuxième hémistiche du vers pentamètre ou élégiaque forme le vers *élégiambique*, quand la partie dactylique est placée la première :

Scribere versiculos amore percussum gravi.

(HORACE, *Epod.*, XI, 2.)

Le vers s'appelle *ïambélégiaque* quand la partie dactylique est la seconde :

Tu vina Torquato move consule pressa meo.

(ID., *Epod.*, XIII, 6)

Ces vers étant *asynartètes*, il peut y avoir entre les deux membres un hiatus ou bien l'allongement d'une brève finale :

> Fervidiore mero | arcana promorat loco.
> Levare diris pectorā | sollicitudinibus.

Ces vers sont joints par Horace soit à des hexamètres dactyliques, soit à des trimètres ïambiques, comme dans cet exemple :

> Petti, nihil me, sicut antea, juvat
> Scribere versiculos, amore percussum gravi.

(Epod., XI, 1-2.)

Ils forment ainsi une strophe dont les vers ont tous, au point de vue du rythme, une partie commune.

CHAPITRE XI

155. Formes du trimètre ïambique ou *senarius*. — Les trimètres ïambiques des Latins sont de deux sortes. Les uns paraissent admettre indifféremment à tous les pieds, sauf le dernier, des mesures de trois et de quatre temps, d'autres suivent, aux pieds pairs, les règles ordinaires. Les premiers sont les vers des anciens poètes dramatiques et de Phèdre; ils ont existé de tous temps avec certaines modifications de détail; les autres n'apparaissent que vers l'époque impériale, et se trouvent principalement dans les tragédies de Sénèque.

156. — On pourrait, en suivant l'ordre historique, étudier d'abord le trimètre dit *impur* des comiques; mais comme ce dernier, assez analogue aux vers de nos auteurs du xvi⁰ siècle, présente quelques anomalies prosodiques, il vaut mieux aller du plus facile au plus difficile; de même qu'on doit apprendre à scander les vers de Virgile avant ceux d'Ennius, qui sont moins réguliers, il est préférable d'étudier d'abord les vers de Phèdre, qui, à l'avantage de former une œuvre complète, joignent celui d'être fondés sur une prosodie fixe, et qu'on peut lire dans un texte bien établi.

157. Le vers de Phèdre. Rythme italique aux pieds pairs. — En scandant ces vers d'après les lois ordinaires de la quantité, on voit d'abord que le 6e pied est toujours un ïambe. C'est une règle que tous les poètes ont observée à la fin du vers, où le rythme doit être net et bien déterminé.

Mais tous les autres pieds peuvent avoir l'ïambe, le tribraque, le spondée, l'anapeste, le dactyle : et l'on se demande dès lors où est le rythme. Ce bizarre assemblage n'est qu'une apparence : pour en faire une construction raisonnable, il suffit d'appliquer les lois les plus simples du rythme latin. Après avoir marqué la quantité ordinaire, on obtiendra la quantité italique (§ 74) en comptant comme longues les longues toniques et les syllabes marquées de l'intensité principale ou secondaire ⏑⊥ ⏑⊥; toutes les autres seront brèves ; on verra aussitôt les spondées dans les pieds pairs se métamorphoser en ïambes, les dactyles en tribraques :

Athénæ cúm florérent aéquis légibus.

Q.   ⏑ ⊥ — ⊥   — ⊥ — ⊥   — ⊥ ⏑ ⊥

R. I. ⏑ — ⏑ —   ⏑ — ⏑ —   ⏑ — ⏑ —

Lymphárum in spéculo vídit simulácrum suum.

Q.   — ⊥ — ⊍ ⏑ — ⊥ — ⊍ ⏑ — ⊥ ⏑ ⊥

R. I. ⏑ — ⏑ ⏑ ⏑|⏑ — ⏑ ⏑ ⏑|— — ⏑ —

(II, ɪ, 1 ; I, ɪᴠ, 2.)

L'anapeste est rare aux pieds pairs :

Cérvus nemorósis excitátus latibulis.

R. I. — ⊥ | ⏑ ⏑ ⊥ | ⏑ ⊥ | ⏑ ⊥ | ⏑ ⏑ ⏑ | ⏑ ⊥

(II, ᴠɪɪɪ, 1.)

158. — Le tribraque, dont la première syllabe est accentuée, comme *válidus*, qui se prononce presque *valdus* et par conséquent ressemble trop à un trochée, n'est admis nulle part. L'anapeste *válidos*, dont la partie faible représente la résolution d'une longue (§ 80), ressemble à un spondée ; il se prononce presque *valdos* et ne peut être employé qu'aux pieds impairs.

159. — La césure à la fin du 3ᵉ pied, permise en grec, ne l'est pas en latin, au moins dans Phèdre ; la discordance de l'accent et du temps fort produirait à l'hémistiche un rythme italique ordinaire à la clausule, ce qui est contraire à la loi de dissimilation.

160. — Ces observations permettent de scander régulièrement les vers de Phèdre, et de leur donner un mouvement régulier :

> Sic est locutus partibus factis leo :
> — — ‿ — | ‿ — ‿ — | — — ‿ —
>
> (Vers classique.)

> Ego : primam tóllo, nóminor quoniam leo ;
> Pron. natur. ‿‿ — ‿ — | ‿ — ‿ ‿ | ‿ ‿ ‿ ‿‿
> Pron. métr. ‿ ‿ ⊥ ‿ ⊥ | ‿ ⊥ ‿ ⊥ | ‿ ‿ ⊥ ‿⊥

> Secúndam, quia sum fórtis, tribuétis mihi ;
> R. 1. ‿ ⊥ ‿ ⌣ ‿ | ‿ ⊥ ‿ ⌣ ‿ — ⊥ ‿ ⊥

> Tum, quia plus valeo, me sequétur tértia :
> ‿ ‿‿ ‿ ⌣‿ | ‿ ⊥ ‿ ⊥ | ‿ ⊥ ‿⊥

> Malo afficiétur, sí quis quártam tetigerit.
> ‿ ⊥‿‿⊥ | ‿ ⊥ ‿ ⊥ | ‿ ‿‿ ‿⊥
>
> (I, v, 6.)

Le rythme ïambique, apparemment faussé, est donc rétabli par l'action d'une loi unique : *la brève faible d'un pied pair ne peut être remplacée en latin ni par une longue tonique, ni par la résolution de cette longue* (§ 80) parce qu'alors elle ne serait plus une brève.

161. — Cette manière de scander les vers nous permet de trouver dans Phèdre, au lieu de lignes informes, de véritables ïambes, qui ont l'allure vive et rapide que les anciens leur attribuaient. Dans cette prononciation, on peut reconnaître facilement le rythme du latin, non pas du latin scolairement figé qui ne produit des vers qu'à l'aide d'un papier convenablement réglé, mais du latin vivant, dont l'évolution a produit les langues et les versifications romanes; ce rythme que nous négligeons volontairement quand nous récitons Virgile, et que nous observons à notre insu quand nous parlons français.

Ces vers sont fondés sur la quantité en ce sens que Phèdre n'allonge pas les brèves au temps fort, mais seulement les longues atones. Le mouvement ïambique intérieur est souvent marqué par le rythme italique; il donne lieu d'ailleurs à diverses observations de détail.

162. Iambes latins. — L'ïambe formé par un mot ïambique, tel que *cibo*, donne naturellement un rythme assez peu sensible, sauf à la fin du vers, où sa dernière syllabe est prolongée. Aussi n'est-il pas fréquent; et le plus souvent il est formé d'un mot de peu de valeur précédé d'un monosyllabe avec lequel il était peut-être réuni par la prononciation :

Aut quó | cibo | fecistí tantum corporis.

A te decurrit ád | meos | haustus liquor.

(III, vi, 5; I, i, 8.)

L'ïambe italique est souvent représenté par deux longues dont la seconde est intense; la première est souvent finale et l'autre initiale, ce qui naturellement tend à donner un mouvement ascendant (§ 75) :

Et quod prudenti vitam consilio monet.

R. I.

(I, *Prol.* 4.)

Le rythme est meilleur quand la syllabe forte est secondaire. Phèdre évite de former un ïambe avec les deux premières syllabes d'un mot tel que *ornamentum*; mais il fait souvent une longue de la syllabe radicale d'un verbe :

Derisor potius quam | deridendus senex.
R. I.

Omne insuetis onus | et cœpissent queri.

III, 4; I, 2, 8.

Il est clair d'ailleurs que le meilleur des ïambes italiques est celui dont la première syllabe est atone et la seconde accentuée :

Athenæ cùm flo - ré - rent aequis légibus.

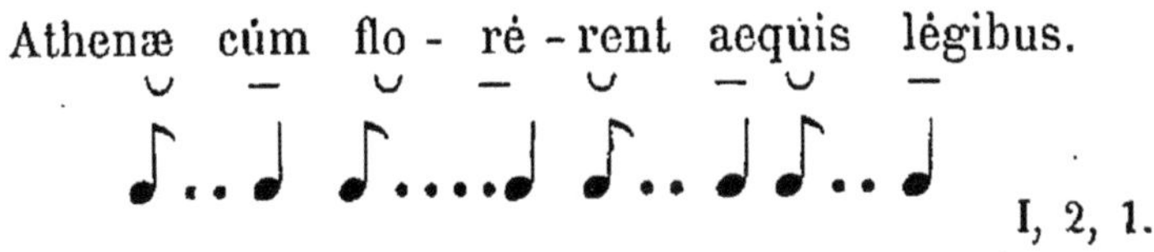

I, 2, 1.

163. Lois latines de la compensation. — Pour plus de simplicité, on a supposé l'intensité des pieds impairs égale à celle des pieds pairs. Cela n'est pas tout à fait exact, car le frappé secondaire n'a pas la même force que le frappé principal, qui porte sur les ïambes. Le premier peut être évalué à la moitié du second ; par conséquent la longue atone qu'il relève aura pour valeur non pas 0, mais — 1/2. On peut mesurer d'après ce principe les ïambes dans les principales formes de la dipodie :

Ránæ vagánt | es
R. I. $1 - \frac{1}{2}$ $= \frac{1}{2}$
Palúdibus
          1   0 $= 1$

$$\text{Fíctis jocis}$$
$$1 - \tfrac{1}{2} \qquad 0 \qquad\qquad = \tfrac{1}{2}$$

$$\text{Pater Deó | rum}$$
$$- \tfrac{1}{2} \qquad 1 \qquad\qquad = \tfrac{1}{2}$$

$$\text{A | rido loco}$$
$$- \tfrac{1}{2} \qquad 0 \qquad\qquad = - \tfrac{1}{2}$$

$$\text{bono cibo}$$
$$- \tfrac{1}{2} \qquad 0 \qquad\qquad = - \tfrac{1}{2}$$

Or les trois premières formes sont seules admises. On voit que l'ïambe atone est un pied très imparfait. Le pied *fíctis* ♪♪... ressemble un peu à un trochée, mais il a au moins trois temps; *cíbo* ♪ ♪... n'en a pour ainsi dire que deux. Le pied est *vide* et paraît appartenir à un genre différent.

Ainsi donc l'ïambe à longue atone ne peut être suivi d'un autre ïambe semblable.

164. Spondées. — Le spondée en latin peut avoir une coupe médiale.

In principatu commutand | o | sæp | ius.
R. I. ◡ ⊥ ◡ ⊿ ◡   ⊥   ⊿   ◡   ⊿ ◡ ⊥

$$(\text{I, xv, 1.})$$

Mais en réalité ce pied est un ïambe; la loi ordinaire (§ 145) est donc observée. Dans le vers

Clamore magno regem peti*ere ab* Jove.
R. I. — ⊥ ◡ ⊿ ◡   ⊿ ◡ ↓ ◡ ⊿ ⊥ ◡ ⊥

$$(\text{I, ii, 11.})$$

il n'y a pas de coupe entre *petiere* et *ab Jove*, et l'on ne pourrait pas mettre une césure à cette place.

165. Résolution des longues. — Pour se rendre compte

des règles suivies dans la résolution des longues, il faut comparer le mouvement italique au mouvement rythmique.

Lorsqu'une longue est résolue, la première des deux brèves qui la remplacent a une tendance naturelle à être plus forte que la seconde. Aussi lorsque la longue est frappée, c'est sur la première brève que l'on place le signe du temps fort. On obtient ainsi une sorte de mouvement descendant ◡◡, d'autant mieux entendu que l'intensité était mieux marquée, et qui par conséquent devait être particulièrement sensible aux pieds pairs. D'autre part, les mots latins ont eux-mêmes un rythme propre dirigé par l'accent. Ce rythme latin, à cause de la ressemblance de l'accent et du temps fort, devait naturellement suivre le mouvement du vers et s'accorder ainsi avec le rythme musical.

166. — L'atone intérieure, qui est la plus faible des syllabes latines, n'est pas facilement marquée de l'intensité, même secondaire, parce que la brève qui la suit a nécessairement plus de valeur dans le langage. Phèdre n'admet à aucune place un dactyle tel que *áridus* ♩ ♪ . ♪ .. ; car la syllabe la plus faible du mot (§ 80) ne peut pas être la plus forte du pied (– ◡ ◡). Il évite, aux pieds pairs, d'accentuer la deuxième brève ; toutefois, aux pieds impairs, cette règle n'est pas observée, au moins apparemment.

Calumniat|or ab o|ve cum peteret canis
           | ◡ ◡ ◡ |

Novissime indignata, dum | vult vali|dius.
                               | – ◡ ◡ |

(I, 17, 1 ; 24, 9.)

167. Accent irrégulier. — Mais il n'est pas impossible qu'on ait prononcé *ab ove*, *váldius*, ce qui est en somme une accentuation logique (cf. § 108), ou confirmée par certains faits. L'accent est un élément grammatical soumis à certaines règles, qui peuvent, comme toutes les autres, subir des exceptions. Les poètes ont pu faire des fautes d'accent, comme ils ont fait des fautes de quantité. Or dans un mot comme *validius* l'accent reculait parfois jusqu'à la quatrième syllabe, et la troisième, devenue atone intérieure, tendait à disparaître. C'est ainsi que s'explique la formation ancienne de certains mots, qui est due sans doute à l'analogie : on prononçait

pígrior	= pigérior,	*à cause de*	píger.
júnior	= juvénior	—	júvenis
ómnibus	= homínibus	—	hómines.
públicus	= popúlicus	—	pópulus.
súrgere	= sub-régere	—	súrgo.
pórgere	= por-régere.	—	pórrigo.

Cet accent anormal ne cessa jamais d'être en usage, et il explique certaines formations romanes, comme le vieux français *avret* qui vient de *hábuerat* et *queudre*, de *cólligere*; il est un des métaplasmes qu'on trouve dans les hexamètres où le rythme indique bien la prononciation :

Cáp(i)tibus nutantes pinos...
‒ ◡ ◡

Virtute experiamur et hoc simul accipite dictum.
      ‒ ◡ ◡

(ENNIUS, p. 224 et 26, *L. Müller.*)

L'impératif *accipite* était réduit à *accipe* ou *acpite*; il est certainement au pluriel dans ce passage.

Hæ sacris sedes epulis; hic *árjete* cæso.
Cingite fronde comas, et pocula *pórgite* dextris.
Quid possim videt, ac novit me *váldius* ipso.
(VIRG., *En.*, VII, 175; VIII, 274; HOR., *Ep.*, I, IX, 6.)

L'accentuation ordinaire est *ariete, porrigite, validius*

Si l'on adopte cette prononciation anormale, on pourrait dire que la première des deux brèves qui remplacent une longue a toujours une valeur latine au moins égale à celle de la seconde : elle est souvent une syllabe secondaire suivie d'une atone, plus fréquemment encore elle est accentuée.

Les trimètres de Phèdre sont les plus parfaits des mètres de ce genre. On a pu mieux établir la dissimilation : mais pour le rythme proprement dit, aucun poète, même postérieur, n'a suivi aussi rigoureusement les lois du rythme italique.

CHAPITRE XII

LA VERSIFICATION

DES ANCIENS POÈTES DRAMATIQUES

168. Scansion italique des trimètres de Plaute et de Térence. — Les vers des anciens poètes dramatiques sont fondés sur une prosodie analogue à celle de Phèdre, et suivent en général les mêmes règles. Mais ces mètres, au premier abord, paraissent des plus étranges, car à la série des pieds de trois et quatre temps ils ajoutent la riche collection des péons et quelques autres encore. Aussi semblent-ils plus difficiles à saisir que tous les autres vers, même les plus savants. A les prendre en général, c'est le contraire qui est vrai. Les obstacles sont venus des modernes, qui, après avoir supprimé en réalité le rythme, ont de plus compliqué la prosodie. Pour composer des vers de ce genre, il faudrait certainement distinguer les brèves des longues; mais, pour les comprendre, il n'est pas besoin de savoir la quantité : il suffit en général de connaître les longues toniques et d'appliquer la règle donnée pour Phèdre (§ 157). On verra ainsi disparaître les pieds étrangers au genre. Ainsi le crétique – ∪ – du vers suivant deviendra un tribraque :

Ex Graécis bonis Latínas non fécit bonas.

Q.   – –|– ∪ –| ∪ –|– – |– –| ∪ –

R. I. ∪ ⊥| ∪ ⊥ ∪ | ∪ ⊥| ∪ ⊥ |– ⊥| ∪ ⊥

(Tér., Eun., prol., 8.)

Le rythme s'établit pour ainsi dire de lui-même ; la seule difficulté est de voir que la dernière syllabe de *fecit* est allongée par le frappé secondaire.

Pour mesurer les vers de ce genre, on aura soin de tenir compte des lois grecques, et de la règle (§ 158) des brèves résolues aux pieds pairs. On observera aussi que si une longue forte est changée en deux brèves, l'intensité répandue, quoique inégalement, sur ces deux syllabes n'en allonge aucune. Exemples :

Salútem tíbi a sodáli solidam núntio.
Pron. ∪ — ∪   ∪   ∪ ∪ —∪ ∪∪   ∪ —∪ —
R. I. ∪ ⊥ ∪   ∪ | ∪ ⊥ ∪ ∪ ∪ | ∪ ⊥ ∪ ⊥

Quid ad me ibátis? Ridiculum verebámini.
R. I. ∪   ⊥   ∪ ⊥ ∪ ⊥ ∪ ∪ ⊥   ∪ ∪ ⊥ ∪ ⊥

Tace atque párce muliebri supelléctili.
∪   ⊥ ∪   ⊥ ∪ ∪ ∪ ∪ ⊥   ∪ ∪ ⊥ ∪ ⊥

Per annónam cáram dícit me nátum pater.
∪   ∪ ⊥ ∪   ⊥ ∪   ⊥ ∪ ⊥   — ⊥   ∪ ⊥

Alterum quadrímum puerum....
— ∪ ∪   ∪ ⊥ ∪   ∪ ∪ ∪

Pudicitiam quísque suæ serváre fíliæ.
∪ ∪ ∪ ∪ ∪   ⊥ ∪ ∪ ∪ ∪ ⊥ ∪ ⊥ ∪ ⊥

Meæ auctoritáti faútrix adjutríxque sit.
∪   ⊥ ∪ ∪ ⊥ ∪ ⊥ ∪ ⊥ ∪ ⊥ ∪ ⊥

Sub imperio vívens vólt senex uxório.
∪   ∪ ∪ ∪ ∪ ⊥ ∪   ⊥ ∪ ⊥ ∪ ⊥ ∪ ⊥

Volo amóri obsecútum illíus, volo amet me patrem.
∪ ∪ ⊥   ∪ ∪ ⊥   ∪ ⊥ ∪ ∪ ∪ ∪ ⊥ ∪ ⊥

Adeo impoténti esse ánimo ut præter cívium.
∪ ∪   ⊥ ∪ ⊥ · — ∪ ∪   ∪ ⊥ ∪ ⊥ ∪ ⊥

(Bacchd., 187; Phorm., 902; Pœn., V, 3, 26;
Stich., 179; Capt., prol., 8; Epid., 405;
Asin., arg., 2, 77; Andr., 879.)

169. — Les comiques abrègent ordinairement les atones longues par position, et bien plus rarement les longues par nature. L'abréviation était favorisée sans doute par la chute de certaines consonnes : car, chez les Romains, comme chez nous, l'écriture ne reproduisait pas exactement la langue parlée. Il est fort difficile aux modernes de retrouver les règles de cette prononciation [1].

170. — Les anciens poètes diffèrent de Phèdre en ce qu'ils tiennent bien moins de compte de la quantité, et qu'ils s'attachent davantage au rythme italique. A l'époque d'Auguste, une longue atone dans les ïambes impurs n'est pas absolument une brève ; elle ne paraît l'être que par rapport à une autre syllabe plus longue ; pour Plaute, elle est abrégée à peu près complètement, et peut, si elle ne reçoit pas le temps fort principal ou secondaire, former la résolution d'une longue. L'autre syllabe est ordinairement une brève et rarement une longue, comme dans *ĕx ĭnvidia*, et alors c'est le plus souvent un petit mot très usuel qui se rattache au mot voisin, ne renferme pas grande signification par lui-même, et par suite n'a que peu de valeur prosodique.

171. Les mots grecs dans les anciens vers latins. — Les mots grecs, dans les comiques, peuvent garder leur quantité en changeant d'accent (§ 88), ou garder leur accent primitif : mais alors les longues atones grecques sont traitées comme les atones latines et deviennent brèves. On peut mesurer Philíppus ∪ – ∪ et Phílippus ∪ ∪ ∪. On scandera donc :

> Sed (divesne) diven iste est Theótĭmūs? Etiam rogas?
>
> R. I. ∪   ⊥ ∪ ⊥ ∪ ∪̣ ∪ ∪ ⊥ ∪ ∪ ⊥ ∪ ⊥
>
> (PLAUTE, *Bacch.*, 331.)

1. On trouvera quelques indications à ce sujet dans notre *Versification populaire des Romains à l'époque classique* (Paris, Hachette), noamment p. 57 et suiv.

172. Accentuation de certains mots usuels. — Les mots invariables de deux syllabes, qui n'ont pas de sens précis pas eux-mêmes, et ne peuvent que se rattacher à un autre mot, peuvent être considérés comme proclitiques; tels sont *atque, esse, ergo, autem, inter*. Comme ces mots n'ont que peu ou point d'accent, ils peuvent compter pour deux brèves.

> Apud hunc sodálem meum atque vicínum meum.
> ◡ ◡ ⊥ ◡ ⊥ ◡   ◡   ◡ ◡ ⊥ – ⊥ ◡ ⊥
>
> Dicas uxórem tibi necéssum esse dúcere.
> – ⊥ ◡ ⊥ ◡ ◡ ◡ ◡ ⊥   ◡ ◡ ⊥ ◡ ⊥
>
> (PLAUTE, *Cas.*, II, 8, 41; *Mil. glor.*, III, 8.)

Les adjectifs non qualificatifs, ainsi que les adverbes qui ne correspondent pas à un adjectif de qualité, et les pronoms, même interrogatifs, ont deux formes : l'une enclitique ou proclitique et par conséquent atone, l'autre emphatique et accentuée, qui sert à insister sur le sens de ces mots. *Ille*, atone, signifie simplement *il*; tonique, il équivaut à *celui-là*, et devient un véritable nom. Le roman a conservé la double forme, comme on le voit par les articles ou pronoms *le, la* qui supposent évidemment une première syllabe atone dans *illum, illa*, et par les mots *il, elles*, qui proviennent d'une initiale accentuée. Nous distinguons de même *que* et *quoi* tirés de *quid, me* et *moi, te* et *toi*. Nous prenons encore pour des proclitiques *où* et *en*, venus de *ubi* et *inde*. Dans les vers des comiques, on pourra donc, si le rythme l'exige, considérer comme atones et compter pour une ou deux brèves *me, tu, qui, ille, ipse, omnis* et d'autres mots semblables :

> Ille démum antíquis est aduléscens móribus.
> ◡ ◡ ⊥ ·   ◡ ⊥ ◡ ⊥ ◡ ◡ ⊥ ◡ ⊥ ◡ ⊥
>
> Si id me non accúsas, tute ipse objurgándus's. Scio.
> ◡ ◡ ⊥ ◡ ⊥ ◡ ◡ ◡ ◡ ◡ ⊥ – ⊥ ◡ ⊥

Unde quidquid auditum dicant nisi id appáreat.

∪ ∪ ∪̆ ∪ ∪⊥ ∪ ⊥ ∪ ∪̆ ∪ ∪ ⊥ ∪ ⊥

Veniat *quando* volt....

∪ ∪⊥ ∪ ⊥ −

Tuæ quæ daretur, sed *intus* narrabo tibi.

∪ ∪ ⊥ ∪ ⊥∪ ∪̆ ∪ ∪ ∪ ⊥ −⊥ ∪⊥

(PLAUTE, *Capt.*, 105; *Trin.*, 96, 218; *Bacch.*, 192; *Trin.*, 1101.)

173. Caractère libre et populaire des anciens mètres latins. — Ces vers, prononcés naturellement, n'avaient point un rythme fixe comme les vers savants. Il ne suffisait pas de les réciter : il fallait savoir les frapper; c'est ce que dit formellement un métricien des plus autorisés :

Iambicus, cum pedes etiam dactylici generis assumat, desinit iambicus videri, nisi *percussione* ita moderaveris, ut, cum pedem supplodes, *iambum* ferias; ideoque illa loca percussionis non recipiunt alium quam iambum et ei parem tribrachyn, aut alterius exhibuerint metri speciem. Quod dico, exemplo faciam illustrius. Est in Eunucho Terenti statim in prima pagina hic versus trimetrus :

Exclusit, revocat, redeam? Non, si me obsecret.
Hunc incipe ferire : videberis heroum habere inter manus.

(CAESIUS BASSUS, *ap. Rufin.*, 555, K.)

En effet, si l'on prononce *obsécret* de façon à allonger la syllabe *ecr* qui est commune, on aura un vers épique :

− − | − ∪̆ ∪ | − ∪ ∪ | − − | − − | − −

Mais le rythme italique donne exactement un sénaire :

∪ ⊥ ∪ ∪̆ ∪ | ∪ ∪̆ ∪ ∪ ⊥ | ∪ ⊥ ∪ ⊥

Ces mètres étaient donc fort analogues à nos vers populaires, qu'on a écrits souvent selon l'orthographe usuelle, et dans lesquels il faut savoir réduire les syllabes par la prononciation pour rétablir la mesure.

174. Irrégularités dans la prosodie. — Une versification encore jeune peut avoir une prosodie quelque peu
variable, mais elle n'enfreint pas les lois métriques. Si, dans
un vers français, nous trouvons le mot *lion* compté tantôt
pour une, tantôt pour deux syllabes, nous ne faisons pas au
poète l'injure de croire qu'il a négligé les lois du rythme. Un
pied inexact, dans Plaute, doit nous faire soupçonner une
anomalie dans la prononciation, et non pas un vers faux. Un
monstre rythmique ne saurait être excusé, tandis qu'il est
facile d'expliquer les irrégularités du langage. Il s'agit alors
d'une forme surannée ou populaire : le poète a pris une de
ces libertés que les anciens appelaient *métaplasmes* et que
nous avons faussement décorées du nom de licences poétiques.
Les grammairiens de l'antiquité ont catalogué ces manières
de parler, irrégulières en apparence, parce qu'elles ne sont
pas conformes aux lois scolaires, et ils prenaient ordinairement leurs exemples dans Virgile. Si le prince des poètes
latins s'est permis d'en faire usage, on ne voit pas pourquoi
elles auraient été interdites aux comiques, qui imitent le
langage de la conversation. C'est le vice apparent du rythme
qui indiquera les formes prosodiques anormales : mais il
sera bon, avant de les admettre, de les justifier par des argu-
ments logiques ou linguistiques, et de montrer par l'analogie
qu'elles ont une raison d'être.

175. — Assez souvent il y a lieu de rétablir une forme
ancienne à laquelle on a substitué la prononciation classique

Jamne abiit intro ? | abiit, operuit foris.

— ᴗᴗᴗ ⏑́ ᴗ   ᴗᴗᴗ ⏑́ᴗᴗ⏑́ᴗ⏑́

(PLAUTE, Men., 550.)

Il faut lire *opperuit* (ob–p), afin de ne pas placer au 5ᵉ pied
un ïambe atone.

Petunt, quique in júre abjúrant (*ábjĕrant*) pecúniam.

(PLAUTE, *Rud.* prol., 14.)

On peut mesurer de deux façons un vers tel que :

Magistróne quémquam discípulum minitárier?

(ID., *Bacch.*, 151.)

Lorsqu'une longue forte est résolue, il est peu probable qu'on ait représenté ordinairement la première des brèves par une longue atone, car le temps fort qu'elle porte pourrait l'allonger : il est préférable d'admettre la deuxième manière. Mais l'anapeste du 4ᵉ pied est irrégulier (§ 158). Il y avait sans doute un changement d'accent (§ 167), on prononçait *discipulum dísciplum* comme *póclum = póculum* ; le rythme devenait alors purement ïambique.

176. Ancienne accentuation. — Dans l'ancienne langue latine, l'accent des mots à pénultième longue pouvait reculer d'une syllabe. C'est ainsi que s'explique l'apophonie, l'abréviation et même la suppression de la voyelle dans des formations telles que :

imberbis	de *barba*		*pronŭba*	cf. *nūbere*
inermis	de *arma*		*nōnus*	de *nŏvēnus*
præfectus	de *præ-factus*		*dēnus*	de *dĕcēnus*
súpplĭco	de *sub-plāco*		*díxti*	de *dixísti.*
cógnĭtus	de *cum-nōtus*			

Aulu-Gelle, qui considère les lois scolaires de l'accent comme vraies seulement en général (VII, 7), nous apprend qu'un savant de son temps, très versé dans la vieille littéra-

ture, voulait accentuer *ádpotus*, *ádprimus*, et prononçait ainsi
ce vers de Térence :

In quo hæc discebat ludo exádvorsum loco.
ᴗ —

(Phorm., 88.)

Le rythme est en effet bien meilleur. Cette accentuation
permet de scander certains vers :

Is nunc Amphitruo praéfectust legionibus.
— ᴗ ⊥

Propterea ea una cónsentit cum filio.
— ᴗ ⊥

(Plaute, *Amph.,* 100; *Casina,* 59.)

177. — Le défaut de fixité dans cette prosodie peut nous
embarrasser; il ne doit pas nous étonner. Nous retrouvons la
même chose dans nos vers populaires. On ne pouvait pas
demander aux poètes de cette époque d'observer strictement
les règles d'une prosodie qui n'était point encore définie et
qu'eux-mêmes, précisément par leur autorité littéraire,
devaient contribuer à établir.

178. — L'allongement d'une brève est parfois admis par les
comiques, surtout après la partie forte du 4ᵉ pied :

Facéte advortis tuum animum ad | animum meum.
ᴗ ⊥ ᴗ ⊥   ᴗ ᴗ ᴗ   ⊥ ᴗᴗ ⊥ ᴗ ⊥

(Plaute, *Mil. glor.,* 39.)

Au reste les vers des anciens poètes, dans le détail, offriront
toujours par endroits quelques difficultés. Ils ont d'ailleurs
été altérés et remaniés, dès les temps anciens, par des grammairiens qui sans doute n'ont pas toujours compris et res-
pecté le rythme primitif.

179. Autres vers des comiques. — Les anciens poètes dramatiques, et surtout Plaute, ont employé un grand nombre de vers de différentes mesures, dont le rythme est fondé sur la prosodie populaire.

Tétramètre ïambique acatalecte ou ïambique *octonaire* :

Juventútis móres qui sciam, qui hoc nóctis sólus ámbulem.

∪ ∪ ⊥ ∪ ⊥ | ∪ ⊥ ∪ ⊥ | ∪   ⊥ ∪ ⊥ | ∪ ⊥ ∪ ⊥

(Amph., 154.)

Le même vers catalectique ou ïambique *septénaire* :

Domum redimus clanculum : dormimus incenáti.

∪ ⊥   ∪ ⊥ ∪   ⊥   ∪   ⊥   ∪ ⊥   ∪   ⊥ ∪ ⊥ --

(Rud., 305.)

Ces vers sont souvent asynartètes, c'est-à-dire composés de deux dimètres, entre lesquels on admet l'hiatus :

Sed tibi si viginti minæ

∪   ∪ ∪ ∪ ⊥ — ⊥ ∪ ⊥

Argenti proferrentur.

∪ ⊥   ∪ ⊥ ∪ ⊥ —

(Asin., III, iii, 45)

Le tétramètre trochaïque catalectique, ou vers *septénaire* :

Quánta pérnis péstis véniet, quánta lábes lárido.

⊥ ∪ ⊥ ∪ ⊥ ∪ ∪ ∪ ∪ ⊥ ∪ ⊥ ∪ ⊥ ∪ ⊥

(Capt., 903.)

180. Anapestes de Plaute. — Plaute emploie également le mètre anapestique. Exemples de tétramètres :

Pro Júppiter, ut mihi, quidquid ago, lepide ómnia prospereque

— ⊥ ∪ ∪ ⊥ ∪ ∪ ⊥ ∪ ∪ ⊥ ∪ ∪ ⊥ ∪ ∪ ⊥ ∪ ∪

[eveniunt :
⊥ ∪ ∪ ⊥ [1]

---

1. L'*e* final de *prospere*, naturellement bref dans la prosodie italique, n'a pas été allongé par l'accent de l'enclitique : cette règle est générale.

Neque quod dubitem, neque quod timeam, meo in péctore
∪ ∪ ⊥ ∪ ∪ ⊥ ∪ ∪ ⊥ ∪ ∪ ⊥ ∪ ∪ ⊥ ∪ ∪

[cónditum'st consilium.
− ∪ ∪ ⊥ ∪ ∪ ⊥

(*Pseud.*, II, 1.)

Dimètres :

Fér contra manum et pariter gradere.
− ⊥ ∪ ∪ ⊥ ∪ ∪ ⊥ ∪ ∪ ⊥

Tuis sérvio ac aúdiens sum imperiis.
∪ ∪ ⊥ ∪ ∪ ⊥ ∪ ∪ ⊥ ∪ ∪ ⊥

Quid agis? — Valeo et validum teneo.
∪ ∪ ⊥ ∪ ∪ ⊥ ∪ ∪ ⊥ ∪ ∪ ⊥

Peregre quoniam ádvenis, céna datur.
∪ ∪ ⊥ ∪ ∪ ⊥ ∪ ∪ ⊥ ∪ ∪ ⊥

(*Truc.*, 1, 2, 25.)

Les anapestes sont de beaucoup les vers les plus difficiles à scander. D'abord ils paraissent être copiés ordinairement sur le modèle libre de forme dactylique (§ 132);
ensuite ils ont, comme ceux dès comiques grecs, un mouvement grammatical négligé. Ils pèchent même parfois
contre le rythme latin, et quand on y marque la quantité
italique, on peut trouver des longues faibles et atones qui
donnent au pied l'apparence de l'ïambe plutôt que celle de
l'anapeste.

Le rythme latin des paroles était probablement marqué,
comme dans le chant moderne, par une prononciation un
peu factice de l'acteur, aidée par un accompagnement musical.

181. Vers du genre péonique. — Le bacchius ∪ − − et le
crétique − ∪ − peuvent être assimilés à une dipodie ïambique
ou trochaïque, ∪ ⊥ ∪ ⊥, ⊥ ∪ ⊥ ∪ à laquelle on aurait enlevé une
syllabe brève. Les deux longues restent intenses quoique

inégalement. Ces pieds ont donc la forme ◡⊥⊥, ⊥◡⊥. Les vers de cette mesure sont ordinairement divisés en tétramètres :

> Qui sunt qui a patróna preces mea expetéssunt?
> ◡ ⊥ ⊥| ◡ ⊥ ⊥| ◡ ⊥ ◡ ◡|◡ ⊥ ⊥
>
> (PLAUTE, *Rud.*, I, 5, 1.)

Vers crétique :

> Cérto vóx muliebris aúres tetigit meas.
> ⊥ ◡ ◡ |⊥◡◡⊥ | ⊥ ◡◡◡|⊥ ◡⊥
>
> (*Id.*, *Rud.*, 1, 4.)

Les pieds impairs ont le rythme italique ; les autres, comme le dernier pied des trimètres ïambiques, observent les lois de la quantité.

Ces sortes de vers ne sont pas très fréquents et ne se trouvent pas chez tous les poètes.

182. — D'une façon générale, les mètres, employés par les Grecs dans leurs poèmes dramatiques, dont le rythme, pour être bien saisi, exige la succession de plusieurs longues, se prêtent peu à l'imitation latine populaire. Ceux du genre égal principalement n'ont pu être copiés fidèlement que plus tard, lorsqu'on établit d'une façon plus sûre les règles de la prosodie classique.

183. — Térence, au point de vue de l'art latin, est plus régulier et plus exigeant que Plaute. Il admet bien moins fréquemment, aux pieds pairs, les formes fautives qui supposent un accent anormal, et surtout il s'en tient à peu près aux mètres ïambiques et trochaïques, les seuls auxquels la prosodie naturelle permettait de donner, au moins dans les pieds importants, un rythme latin sensible et régulier.

184. Le vers saturnien. — C'est à la versification latine populaire qu'on peut rattacher avec quelque vraisemblance un vers très antique, le *saturnien*, qui est antérieur à l'imitation des mètres grecs et paraît avoir été créé en Italie. Cette question est des plus épineuses, car il faut à la fois retrouver les règles d'une prosodie qui nous est mal connue, et la forme rythmique du vers lui-même. Aussi a-t-on émis à ce sujet les idées les plus contradictoires.

On ne peut donner ici que des indications très sommaires. D'abord les anciens versificateurs, tout en suivant les lois de la prosodie nationale, allaient bien plus loin que les comiques : ils se permettaient d'allonger, au temps fort, non seulement les longues, mais encore toutes les brèves. Ils négligeaient donc sensiblement les lois de la quantité, ce qui est naturel dans une versification purement latine.

Ensuite le mot de *saturnien* ne désigne probablement pas un mètre spécial, mais un système de versification. Les vers, comme le reconnaissaient les grammairiens, étaient non seulement très durs; mais ils étaient tantôt plus longs, tantôt plus courts, et même de rythme légèrement différent.

185. — Les saturniens les plus communs se composent de trois éléments, qui, ordinairement, sont distingués par une coupe : on y admet la résolution d'une longue en deux brèves.

Il y a deux formes principales qu'il est assez facile de reconnaître.

Dans la première un élément de forme crétique − ∪ − est précédé d'un pied et demi, et suivi de deux pieds et demi de rythme iambique.

> Hunc unum | plurumæ | consentiunt géntes
> Bonórum | optumum | fuisse virum.
> R. I.   ∪ ⊥ ∪ | ⊥ ∪ ⊥ | ∪ ⊥ ∪ ⊥ ⏒

186. — Mais la forme la plus fréquente et la plus régulière renferme un bacchius suivi de trois trochées, et précédé de deux pieds qui sont, à volonté, ïambiques ou trochaïques ; tel est le modèle classique des grammairiens :

Malum dabunt | Metelli | Nævio poetæ.

Autres exemples :

Virum mihi, | Camena, | insece versutum.

(Livius Andronicus.)

Duello magno | dirimendo |, regibus subigundis.

(Tab. Regilli.)

Dans ce vers, le trochée du pied pénultième paraît avoir été remplacé par un dactyle.

On a rapproché de ces vers un rythme de saint Bernard :

Lætabúndus | exúltet | fidélis chórus.

Le rythme n'est pas absolument le même ; mais la comparaison est juste, si l'on ne considère que la structure grammaticale.

CHAPITRE XIII

187. — L'ancienne prosodie n'avait pas de règles bien fixes, puisqu'elle permettait de considérer une même syllabe tantôt comme longue, tantôt comme brève, selon le rythme. Le défaut de régularité a toujours déplu aux époques savantes. Dans la période classique, le vers italique resta en usage ; mais il cessa de faire partie de l'art officiel et, devenu plus rare, il garda une sorte de caractère populaire.

188. Renaissance de la versification. — Vers l'époque d'Auguste, en effet, il y eut à Rome une renaissance de la versification. Horace n'a guère d'estime pour les mètres de Plaute, et se refuse à reconnaître l'ïambe dans les trimètres d'Accius. Tel était aussi Boileau, qui débrouillait mal *l'art confus de nos vieux romanciers*. Le progrès des études et une imitation plus serrée des modèles grecs faisaient trouver étranges ou incompréhensibles les variations de la vieille prosodie. De même que nos poètes n'admettent plus qu'on puisse compter à volonté les *e* muets à l'hémistiche, on trouva choquant, à Rome, de regarder une syllabe tantôt comme longue, tantôt comme brève. Au lieu d'un simple mouvement rythmique, on voulut avoir une véritable quantité, soumise à des règles à peu près immuables. On renonça dès lors à considérer une longue comme une brève, et l'on essaya de se rapprocher.autant que possible de l'art hellénique.

189. — La nouvelle école ne voulut pas d'ailleurs négliger tout à fait les lois du rythme italique, qui, en somme, était un art national toujours vivant dans le sentiment populaire ; mais ces lois perdirent de leur rigueur et de leur importance. Elles servirent encore à la constitution et au perfectionnement du rythme, mais surtout à la *dissimilation*, et, au lieu d'être uniquement la base du mètre, elles n'en furent que l'ornement.

190. Le trimètre ïambique de Sénèque. — Le trimètre ïambique latin le plus parfait, au point de vue classique, et qui forme pour ainsi dire le pendant de l'hexamètre de Lucain et de Claudien, est celui des tragédies de Sénèque.

Ce poète imite assez fidèlement les tragiques grecs ; toutefois il admet plus facilement l'anapeste au 5e pied. Il applique les principales lois latines observées par Phèdre (§ 158 et suiv.) ; mais, pour les règles secondaires, il est moins rigoureux. Il tolère parfois un mot dactylique au premier pied du vers.

Invocat et Argos exul atque urbes movet.

Q.　— ᴗ ᴗ　ᴗ　–　– – ᴗ　–　　– –　ᴗ –

(Phœn., 283.)

191. — Il emploie un mot ïambique au 2e pied, et même il le fait précéder d'un autre mot ïambique, ce qui ne pouvait être.toléré (§ 163) que grâce à l'établissement, en matière de prosodie, d'une forte discipline scolaire.

Precor, brevem largire fugienti moram.

ᴗ –　　ᴗ –　　– – ᴗ ᴗ ᴗ – –　ᴗ –

(Méd., 288.)

192. Formes classiques de la dipodie ïambique finale en latin. — Mais la partie la plus originale de ce trimètre est la clausule, qui, selon la règle générale, a été perfectionnée autant que possible, en suivant les lois du rythme latin.

La dipodie finale, en dehors des combinaisons bannies par tous les poètes (§ 163), peut avoir des accents variés :

. palúdibus	pósse ímpetus
convértere	régere éxpetis
urbes bárbaræ	május pótest
machina|trix facinorum	pópulos férat.

Dans la première forme, l'ïambe du 5e pied, égal au suivant par la quantité, lui est supérieur par le rythme italique. Le mouvement ïambique s'impose pour ainsi dire à une place impaire ; il se frappe naturellement de lui-même, tandis qu'il n'est obtenu qu'artificiellement dans la mesure finale, où il devrait avoir tout son éclat. Le pied secondaire semble devenir le pied principal. Sénèque emploie très rarement cette forme.

Dans la troisième et la quatrième, la loi dite de Porson semble n'avoir pas été observée ; mais il n'en est rien, car le mouvement ïambique est produit par l'accent. Ces deux formes sont excusables, ainsi que la deuxième, parce que, si le 5e pied est plus sonore que le 6e, celui-ci est meilleur par la quantité, ce qui permet de mieux le sentir.

La quatrième forme pèche contre le rythme musical (§ 165), ou bien elle suppose une accentuation inaccoutumée.

193. — Dans les formes suivantes, le 5e pied n'est point un ïambe italique ; il est spondée parfait ou ne renferme que des longues, soit accentuées, soit intenses, ou leur résolution.

Aussi les formes du premier genre ne sont-elles à vrai dire que des exceptions; les autres, au contraire, peuvent être considérées comme régulières.

194. Dissimilation latine. — L'observation exacte du rythme latin eût pu faire établir, pour le trimètre ïambique, une loi très simple et analogue à celle qui domine l'hexamètre dactylique : *la concordance parfaite de l'accent tonique et de l'accent métrique, bannie du 6e et du 5e pied, est régulière au 3e et au 2e.* Cette loi est en effet observée dans l'immense majorité des vers, auxquels elle donne leur formule normale. Mais elle amenait sans doute une monotonie d'autant plus choquante dans les ïambes, qu'on voulait imiter jusqu'à un certain point le langage de la conversation. Le 2e pied fait parfois exception, comme dans le vers de Virgile, et la règle n'est pas absolue. Pour le rythme latin, Sénèque n'en reste pas moins le plus parfait des versificateurs savants.

CHAPITRE XIV

LES MÈTRES LOGAÉDIQUES

195. Théories modernes. — Les mètres *logaédiques*, d'après quelques grammairiens, sont ainsi appelés parce qu'ils paraissent renfermer à la fois des dactyles, qui conviennent à la haute poésie (ἀοιδή), et des trochées, qui représentent plutôt le rythme de la prose. Les modernes ont adopté cette façon de les mesurer, et se sont empressés comme toujours de réduire à trois temps, par des procédés très variés d'ailleurs, le dactyle de ces vers, qu'ils appellent *cyclique*. Cette appellation vient d'un passage où Denys d'Halicarnasse[1] dit que, pour les rythmiciens, la longue du dactyle n'a pas toujours une valeur complète. Mais, chose étrange, il donne pour exemple des dactyles d'Homère qu'on ne peut réduire, ce semble, sans fausser la mesure.

La scansion fondée sur cette hypothèse manque totalement de simplicité. D'abord le pied trochaïque et irrationnel qui précède le dactyle peut être composé de deux longues et doit souvent lui-même être ramené à trois temps. Il y a donc, dans un vers, deux réductions successives et qui ne se font pas de la même manière. Cet amas d'irrégularités est bien invraisemblable. Et quand ce même pied est initial, il est traité

1. *De compositione verborum*, XVII.

autrement : de là une nouvelle hypothèse des modernes, qui vient compliquer les autres. De plus, lorsque, par exemple, on a mesuré ainsi le vers saphique ordinaire, on est obligé d'appeler tétramètre *choriambique* le grand saphique, qui pourtant a exactement la même structure. D'ailleurs le choriambe qui sépare les dipodies trochaïques est bien une mesure à six temps. On voit donc que, sous prétexte de simplifier la mesure, on ne fait qu'en ajouter une nouvelle : cette complexité paraît bien étrangère à l'art antique.

196. — L'interprétation moderne du texte grec relatif au dactyle cyclique semble fort contestable. Les rythmiciens grecs donnaient à une voyelle longue la valeur de deux temps; ils comptaient une voyelle brève pour un temps et une consonne pour un demi-temps environ. En mesurant ainsi, on trouve des dactyles tels que ἤιε, ὄρσεο, qui ont exactement quatre temps; mais il y en a d'autres qui peuvent en avoir davantage, et ce sont précisément ceux qu'on trouve dans l'exemple cité par l'auteur grec :

$$\text{Ἰλιόθεν με φέρων ἄνεμος Κικόνεσσι πέλασσεν.}$$

Dans Ἰλιόθ | εν, si l'on suppose les lettres ainsi groupées, la valeur totale des temps, à cause de λ et de θ $(2 + \frac{1}{2}\,1 + 1 + \frac{1}{2})$ est sensiblement égale à cinq.

Pour ramener ce pied à sa valeur normale, on ne pouvait pas facilement réduire les brèves, dont le son était déjà trop ténu. Aussi les anciens avaient-ils reporté naturellement la réduction sur la longue qui présentait plus de consistance. Le dactyle Ἰλιόθ, n'avait donc pas la mesure ordinaire :

Mais il se rapprochait probablement de

Comme on le voit, la première longue n'est pas parfaite ; elle ne vaut qu'un temps et demi au lieu de deux, et le dactyle n'est pas un vrai dactyle ; il ressemblait un peu à un tribraque et comme il commençait par le temps fort, il avait une tendance à prendre l'allure roulante du rythme trochaïque. Il en était de même pour les anapestes :

Κέχυται πόλις ὑψίπυλος κατὰ γᾶν.

Il s'agit donc d'une réduction à quatre temps d'un pied anormal, et non de la contraction de quatre temps en trois, ce qui donnerait une mesure étrange.

Les métriciens ne s'occupaient pas de ces finesses ; mais il a paru nécessaire d'en parler ici, parce qu'on est parti de cette explication erronée pour dénaturer le véritable caractère des vers logaédiques.

197. Caractère propre des vers logaédiques. — Les métriciens les plus autorisés de l'antiquité font dériver ces mètres de l'antispaste et du choriambe mêlés à des dipodies ïambiques. Au fond, ils sont simplement composés de dipodies ïambiques : mais le mouvement de cette mesure, au lieu d'être direct et continu, est interrompu pour reprendre ensuite sous la forme inverse, ce qui peut amener dans un vers le choriambe – ◡|– ◡ ◡ –|◡ –, qui est composé d'un trochée et d'un ïambe.

Quelquefois le choriambe est remplacé par l'ionique majeur – – ◡ ◡ : ce n'est qu'une autre forme de la mesure à six temps.

Ces vers ont ordinairement un nombre égal de syllabes; ils n'admettent pas la résolution d'une longue en deux brèves et rarement la réunion de deux brèves en une longue.

198. Principaux vers logaédiques. — Pour obtenir les plus usuels, il suffit d'écrire un choriambe, puis de prendre l'ïambe et le trochée dont il se compose pour le point de départ d'une dipodie ïambique, qu'on continue à droite et à gauche, en ayant soin toutefois de ne jamais finir le vers par trois longues (§ 47), ce qui anéantirait le mouvement rythmique :

$$-\;\smile\;-\;\smile\;-\;\smile\;|\;-\;\smile\;|\;\smile\;-\;|\;\smile\;-\;\smile\;-\;\smile\;-$$

Si l'on coupe cette série de n'importe quelle façon, on a un mètre logaédique. On obtiendra ainsi :

1° L'*adonique* :

$$-\;\smile\;|\;\smile\;-\;|\;-$$

Ὦ τὸν Ἄδωνιν.
Visere montes.

2° L'*aristophanien* :

$$-\;\smile\;|\;\smile\;-\;|\;\smile\;-\;-$$

Οὐκ ἐτός, ὦ γυναῖκες,
Lydia, dic per omnes.

3° Le *glyconique* :

$$-\;\smile\;|\;-\;\smile\;|\;\smile\;-\;|\;\smile\;-$$

Ὦ παῖ παρθένιον βλέπων.
Miles te duce gesserit.

4° Le *phérécratéen* :

$$-\;\smile\;|\;-\;\smile\;|\;\smile\;-\;|\;-$$

Ἄνδρες, πρόσχετε τὸν νοῦν.
Grato, Pyrrha, sub antro.

5° Le *saphique hendécasyllabe* :

$$- \cup - \overline{\cup} \mid - \cup \mid \cup - \mid \cup - -$$

Ποικιλόθρον’, ἀθάνατ’ ’Αφρόδιτα.
Auream quisquis mediocritatem

6° L’*hendécasyllabe alcaïque* :

$$\overline{\cup} - \cup - - \mid - \cup \mid \cup - \mid \cup -$$

ʿΩ ʾναξ ῎Απολλον, παῖ μεγάλω Διός.
Vides ut alta stet nive candidum.

7° Le *phalécien*, également *hendécasyllabique*

$$- \overline{\cup} \mid - \cup \mid \cup - \mid \cup - \cup - -$$

’Εν μύρτου χλαδὶ τὸ ξίφος φορήσω,
ὥσπερ ʿΑρμόδιος χ’ ’Αριστογείτων.
Passer deliciæ meæ puellæ.

La syllabe antépénultième de ces vers, qui, par sa place dans la dipodie, devrait être commune, est toujours brève en vertu d’une loi générale (§ 47) applicable à tous les mètres.

8° L’*alcaïque ennéasyllabe* :

$$\overline{\cup} - \cup - \mid \overline{\cup} - \cup - \mid -$$

Τὸ δ’ ἔνθεν· ἄμμες ἂν τὸ μέσσον.
Et cuncta terrarum subacta.

199. — Au lieu d’un choriambe, on peut en écrire deux de suite, et continuer de part et d’autre la dipodie ïambique :

$$- \overline{\cup} - \cup - \overline{\cup} \mid - \cup \cup - \mid \mid - \cup \cup - \mid \cup - \cup -$$

En coupant la série, on obtient :
1° Le vers *asclépiade*, qui ressemble au glyconique :

$$- \overline{\cup} \mid - \cup \cup - \mid - \cup \cup - \mid \cup -$$

ʿΠλθες ἐκ περάτων γᾶς ἐλεφαντίναν

λάϐαν τῶ ξίφεος χρυσοδέταν ἔχων.
Mæcenas atavis edite regibus.

2° Le *grand saphique* :

$$-\ \cup\ -\ -\ |\ -\ \cup\ \cup\ -\ |\ -\ \cup\ \cup\ -\ |\ \cup\ -\ -$$

Δεῦτέ νυν ἄϐραι Χάριτες, καλλίκομοί τε Μοῖσαι.
Te deos oro, Sybarin cur properes amando.

3° Si l'on ajoute un choriambe au petit asclépiade, on obtient le *grand asclépiade* :

Μηδὲν ἄλλο φυτεύσῃς πρότερον δένδριον ἀμπέλω.
$$-\ \cup\ |\ -\ \cup\ \cup\ -\ |\ -\ \cup\ \cup\ -\ |\ -\ \cup\ \cup\ -\ |\ \cup\ -$$
Nullam, Vare, sacra vite prius severis arborem.

4° Le vers *priapéen* est composé d'un glyconique, suivi d'un phérécratéen ; le changement de mouvement qu'on trouve au milieu de ces vers (§ 48) y entraîne un rythme pur, c'est-à-dire un ïambe suivi d'une coupe et d'un trochée :

$$-\ -\ -\ \cup\ \cup\ -\ \cup\ -\ |\ -\ \cup\ -\ \cup\ \cup\ -\ -$$

Hunc lucum tibi dedico | consecroque, Priape.

5° L'ionique majeur $-\ -\ \cup\ \cup$, précédant le choriambe, privé de sa première syllabe et réduit à un dactyle, se rencontre dans le décasyllabe alcaïque :

$$-\ \cup\ \cup\ |\ -\ \cup\ \cup\ -\ |\ \cup\ -\ -$$
Νᾶϊ φορήμεθα σὺν μελαίνᾳ.
Flumina constiterint acuto.

Ce même pied peut être intercalé dans la série, après un choriambe ; la deuxième brève, séparée de la syllabe suivante par une coupe, sert alors de point de départ à la dipodie ïambique. C'est ainsi qu'a été formé le *grand archiloquien* :

$$-\ \cup\ \cup\ -\ \overline{\cup\cup}\ -\ |\ -\ -\ \cup\ \cup\ |\ -\ \cup\ -\ \cup\ -\ -$$
Οὐκέτ' ὅμως θάλλεις ἀπαλὸν χρόα, κάρφεται γὰρ ἤδη.
Solvitur acris hiems grata vice veris et Favoni.

Quelquefois les deux brèves d'un ionique majeur ou d'un choriambe dans les premiers pieds sont réunis en une longue.

Grand archiloquien :

Alterno quatiunt terram pede, dum graves Cyclopum.

200. Structure des mètres logaédiques en grec. — La structure des mètres logaédiques est plus difficile à étudier que celle des vers ordinaires. Le mouvement de la dipodie ïambique n'y est pas continu, mais renversé. On peut toutefois s'en rendre compte à l'aide de chiffres. Il suffira de représenter les syllabes de la dipodie ïambique ∪ – ∪͜ – par 1, 2, 3, 4, en désignant par 1 celle qui reste toujours brève et par 3 celle qui est commune, et de partir du choriambe en suivant l'ordre indiqué plus haut. On aura ainsi une progression arithmétique marchant tantôt à droite et tantôt à gauche, et la répétition continue du même chiffre indiquera le rythme réflexe de l'antispaste et du choriambe.

Le choriambe devrait être représenté ainsi :

En effet, la syllabe pénultième est commune, puisque celle qui suit le choriambe est toujours brève ; mais elle a été abrégée en vertu de la loi des rythmes renversés (§ 48). La notation doit donc être

Sans cela on saisirait mal l'opposition du rythme entre la fin et le milieu du vers.

Appliquons ce procédé aux deux strophes les plus usuelles, la strophe saphique et la strophe alcaïque.

201. Strophe saphique. — La strophe saphique se compose de trois saphiques suivies d'un adonique :

Φαίνεταί μοι κῆνος ἴσος θέοισιν·
Ille mi par esse Deo videtur,

ἔμμεν ὤνηρ, ὅστις ἐναντίος τοι
Ille, si fas est, superare Divos,

ἰζάνει, καὶ πλασίον ἆδυ φωνεύ-
Qui sedens adversus identidem te

σας ὑπακούει.
Spectat et audit.

(Sapho, traduction de Catulle.)

On voit tout d'abord :

1° Que l'adonique qui forme la clausule est terminé par une syllabe qui n'a pas dans la mesure le même rang que la finale des autres vers; il y a donc dissimilation, et, bien que les vers soient en général indépendants l'un de l'autre, ils forment une sorte de système qui a des *césures* régulières.

2° Dans les trois premiers membres, qui ont une certaine indépendance, on peut à la finale 3 opposer à l'intérieur une finale 1 ou 2, qui peut occuper quatre places différentes. Les poètes jouissaient donc d'une grande liberté, et la variété des coupes pourrait faire croire qu'il n'y en a aucune.

Les chiffres qui représentent chaque syllabe se suivent régulièrement, soit d'un vers à l'autre, soit dans un même vers, en augmentant ou diminuant de 1. Le rythme est heurté, mais non pas rompu, et sous un désordre apparent garde sa régularité.

Le troisième vers (comme dans l'exemple donné) peut être réuni au quatrième : c'est un reste de la structure primitive où ce vers n'était qu'un simple membre de la strophe.

Horace a quelquefois usé de cette liberté :

> Labitur ripa, Jove non probante, u-
> xorius amnis.
>
> *(Od.,* **I**, ii, 19.)

202. Strophe alcaïque. — La strophe alcaïque se compose d'un hendécasyllabe alcaïque répété deux fois, suivi d'un vers de neuf et d'un autre de dix syllabes.

> Οὐ χρὴ κάκοισι θῦμον ἐπιτρέπην ·
> Ne forte credas interitura, quæ
> Προκόψομεν γὰρ οὐδὲν ἀσάμενοι,
> Longe sonantem natus ad Aufidum,
>
> ῏Ω Βύχχι · φάρμακον δ᾽ ἄριστον
> Non ante vulgatas per artes
>
> οἶνον ἐνεικαμένοις μεθύσθην.
> Verba loquor socianda chordis.
>
> (ALCÉE. — HOR., *Od.,* IV, ix, 1-4.)

Une dipodie ïambique a été remplacée au troisième et quatrième vers par un de ses équivalents de six temps, l'ionique majeur.

Cette strophe n'est pas un véritable système : la dissimilation, comme on le voit par les chiffres, n'y est faite qu'entre la clausule des deux premiers vers et celle des suivants.

Dans les deux premiers vers l'opposition fortement marquée de la syllabe 2, qui est frappée, à la syllabe 3, comme dans le trimètre ïambique, amène une coupe assez régulière après la cinquième syllabe. On trouve aussi l'opposition entre 1 et 2.

> Χείμωνι | μοχθεῦντες μεγάλῳ μάλα.
>
> (ALCÉE.)

Dans le troisième vers, la coupe devrait opposer 2 à 3, mais on préfère une autre coupe, parce que sans doute la césure après la quatrième syllabe aurait été identique à la clausule très rapprochée du vers précédent.

Le décasyllabe a une grande variété de coupes, comme le saphique, et pour les mêmes raisons.

203. Le pied initial libre.— Lorsque le pied non frappé, représenté par les chiffres 3 et 4, est précédé ou suivi immédiatement de l'ïambe frappé, il prend naturellement le mouvement ïambique. Mais si ce même pied se trouve au commencement du vers et s'il est suivi d'un trochée, le rythme prend une grande liberté. La dipodie étant partagée entre deux vers, la partie faible, séparée de l'accent métrique qui lui donnait sa raison d'être, est dépouillée de tout sens rythmique déterminé, comme un proclitique ou un enclitique, privé du mot sur lequel il s'appuyait, n'a plus aucun sens grammatical précis. On se demande alors comment on doit considérer ces syllabes, s'il faut y voir la suite du rythme ïambique qu'on trouve dans le vers précédent, ou s'il faut le rattacher au trochée suivant. On hésite sur chacune des deux syllabes, et pourvu que le pied obéisse aux lois générales du genre, c'est-à-dire conserve deux syllabes, on lui donne n'importe quel rythme, ∪∪, ∪ –, – ∪, – –. C'est ce qu'on voit notamment dans l'asclépiade, où le double mouvement des chiffres montre que la première syllable peut être rattachée à la dernière du vers précédent: le pied initial est ainsi composé de deux syllabes 3, c'est-à-dire communes :

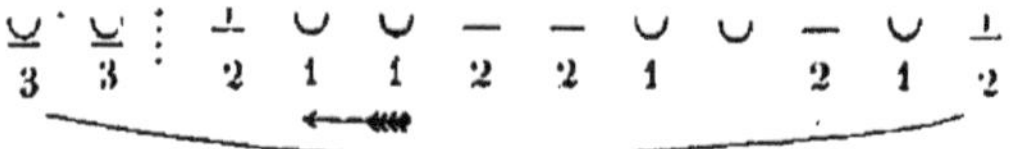

Il est heureux que les modernes n'aient pas cherché, par des procédés renouvelés de Procuste, à ramener ce pied à une valeur normale. Hermann lui a donné le nom de *base*, et il y voyait une sorte de prélude qu'on pouvait varier à volonté [1]. On aurait donc essayé d'une cadence quelconque avant d'arriver à un rythme déterminé, comme certains orateurs commencent par dire n'importe quoi en attendant une idée. C'est peut-être aller chercher un peu loin l'explication d'un fait naturel, amené simplement par les lois générales du rythme.

204 Mètres logaédiques des Latins. — L'art savant des mètres logaédiques présentait, au point de vue de l'adaptation latine, des difficultés qui paraissent avoir rebuté les anciens poètes. En effet, leur langue, déjà embarrassée pour produire nettement plusieurs longues de suite, y arrivait pourtant dans une série progressive, dont la continuité même faisait saisir le mouvement : mais ici le rythme est heurté et renversé. Il fallait une quantité solidement établie, avec un sentiment plus familier des modèles grecs, et une connaissance plus intime des exigences du rythme latin : c'est pour cette raison sans doute que la versification des poètes lesbiens n'a été imitée que vers l'époque impériale.

205. — Catulle est l'initiateur du genre ; mais son imitation, ici encore, est un peu servile et a quelque chose de forcé. C'est Horace, l'ennemi des vieux rythmes latins, qui eut le mérite d'en appliquer les règles aux mètres nouveaux. Toutefois la forme définitive n'est établie qu'après l'époque d'Auguste.

---

1. Cette appellation est d'ailleurs étrange. Le mot βάσις désigne d'ordinaire une mesure marquée d'un temps fort ; on ne peut donc pas l'appliquer à un pied qui n'était frappé d'aucune façon.

206. Les vers et la musique. — Les vers de ce genre, selon quelques modernes, n'étaient pas faits pour être chantés. Mais que pouvaient bien chanter les Romains? Il y a d'ailleurs des odes d'Horace qui sont visiblement destinées au chant, et même le poète affirme formellement qu'il compose une chanson[1]. Or si ces vers n'étaient pas toujours chantés, il est clair qu'ils pouvaient l'être; car tous sont construits sensiblement de la même manière.

Ce n'est pas que la musique ait exercé sur cette versification une influence perturbatrice, opposée à l'action des lois métriques. Au contraire, l'exécution musicale avive précisément le sentiment du rythme; et si une récitation qui change des syllabes naturellement fortes en syllables faibles ou inversement produit un effet choquant, le contraste est encore plus insupportable dans le chant, où la prononciation est plus sonore tandis que les temps forts sont mieux marqués.

207. — Or, pour plier les mètres logaédiques aux exigences du rythme latin, on dut y introduire deux innovations importantes :

1°. Les syllabes communes sont fixées et deviennent longues;

2° Les vers n'ont plus la même liberté de structure et paraissent avoir des coupes mieux déterminées.

208. Rythme italique dans les mètres logaédiques. — Pour expliquer ces faits, il suffit de se rappeler les règles de la dipodie ïambique en latin :

1° Le pied non frappé, composé des syllabes 3 et 4, ne

1. Voir ce dernier vers de la strophe citée, § 202.

peut renfermer une brève et une atone (§ 162), sans quoi il ressemble à un pyrrhique. Il peut, il est vrai, être compensé par l'emploi de l'ïambe italique (§ 163), mais il n'en reste pas moins une imperfection sensible, surtout dans des vers chantés. S'il est formé de deux longues atones, il a un peu plus de sonorité; mais il doit autant que possible renfermer une tonique.

2º Si l'ïambe frappé n'est pas italique, on doit éviter de donner au pied non frappé le rythme latin, afin qu'il n'efface pas l'autre (§ 192). Il doit donc prendre autant que possible une allure opposée.

La première de ces règles, relative à la constitution du rythme, est déjà observée par les anciens poètes dramatiques; la seconde, qui se rattache à la dissimilation, est d'un art plus délicat et n'est observée sensiblement dans les trimètres que par Sénèque.

209. — On voit dès lors que, si la syllabe commune de la dipodie est abrégée en latin, l'autre syllabe du pied irrationnel, quand elle est atone, amène un pied *vide* (§ 163), et, quand elle est tonique, donne un rythme latin trop sensible à la partie secondaire de la mesure.

Elle ne doit donc pas être abrégée.

210. — Les coupes particulières au vers latin sont amenées surtout, comme d'habitude, par l'action des lois de la dissimilation italique (§ 79).

211. Vers saphiques des Latins. — Il est facile d'appliquer ces règles aux vers de la strophe saphique. Le pied vide,

qui ne peut être excusé que par une imitation à outrance de
l'art hellénique, se trouve encore dans Catulle :

> Seu Sac | *as sag* | ittiferosque Parthos.
> Oti | *um, Ca* | tulle, tibi molestum est.
> Pauca | *nunti* | ate meæ puellæ.

Mais cette faute ne se trouve plus dans Horace, qui ne
donne au pied irrationnel que la forme intermédiaire composée
de deux longues atones, et déjà plus sonore, et surtout la
forme normale, qui est de beaucoup la plus fréquente :

> 1. Sider | *um   re* | gína bicornis audi.
> 2. Laure | *a   do* | nándus Apollinari.
> 3. Phœbe | *silva* | rúmque potens Diana.
> 4. Inter | *audá* | ces lupus errat agnos.
> 5. Aure | *am quis* | quis mediocritatem.

212. — Le vers saphique se termine par une syllable 3
finale et atone ; la même syllabe au milieu du vers devra donc
être le contraire, c'est-à-dire non finale et tonique. La 5ᵉ syllabe, comme dans les vers 4 et 5, sera donc suivie d'une
coupe. La dissimilation latine est ainsi établie complètement
entre les deux parties du vers. Cette structure a prévalu exclusivement à l'époque impériale.

213. — L'adonique qui forme la clausule devait être aussi
sonore que possible. On trouve encore dans Horace des formes
telles que

> Seu Genitális,
> Est hederæ vis,

qui renferment une longue atone, et par conséquent sont

imparfaites. Mais ordinairement les deux longues intérieures sont accentuées, et la troisième étant longue comme finale, le rythme latin ne laisse rien à désirer :

Ocior Eúro.
Póne pharétram.
∸ ⌣   ⌣ ∸ —

La clausule est donc exactement semblable à celle de l'hexamètre § 108, et peut renfermer les mêmes combinaisons.

214. Vers alcaïques. — Dans le vers alcaïque endécasyllabique, la syllabe commune est parfois abrégée : elle est alors jointe à une syllabe frappée du temps fort principal, et représentée par 2, en sorte qu'il n'y a pas de pied vide :

Vides ut alta stet nive candidum.
⌣ ⊥ ⌣ — — ⊥
3 2

(*Od.*, I, ix, 1.)

C'est peut-être à tort qu'on a voulu corriger cette abréviation au milieu du vers :

Iam bis Monaesïs et Pacori manus.
4 3 2 1

Toutefois elle est imparfaite au point de vue rythmique puisque le pied secondaire (3 4), par son mouvement latin, est supérieur au pied principal (1 2) (cf. § 192). Aussi a-t-elle disparu après l'époque d'Auguste.

La coupe grecque usuelle après la 5ᵉ syllabe est régulière dans Horace. Les exceptions sont rares :

Montemque lymphatam Mareotico.
(*Od.*, I, xxvii, 14)

Elle peut être suivie d'une élision :

Delicta major*um* immeritus lues.
(*Od.*, III, vi, 1.)

Le vers alcaïque est terminé par un ïambe non italique, comme le trimètre ïambique ; l'ïambe qui est à la fin de l'hémistiche doit donc normalement avoir la forme italique, c'est-à-dire renfermer une longue accentuée.

Qui prim*us* álma risit adórea.
(*Od.*, IV, iv, 41.)

La 5ᵉ syllabe est donc atone et finale : telle est la forme véritablement latine de ce mètre.

215. — Dans le vers ïambique de neuf syllabes, le pied vide est toujours évité. La syllabe 3, qui est finale, est atone comme dans le saphique ; au 3ᵉ pied elle doit donc être autant que possible tonique. Cette règle n'est pas toujours observée par Horace.

Enavigánda sive réges.
Hunc Lésbio sacráre pléctro.
(*Od.*, II, xiv, 11 ; I, xxvi, 11.)

Toutefois les seules formes régulières et qui ont prévalu sont les suivantes :

Messes odoratísque rára.
Regina bellórum virágo.
(STACE, *Silv.*, IV, 5.)

Dans la première, la syllabe commune, au milieu du vers, n'a pas tout à fait la valeur d'une tonique ; elle est secondaire ($\S$ 73) ; cette liberté a dû être prise pour éviter une structure unique et monotone. La deuxième, qui obéit exactement aux lois du rythme latin, est de beaucoup la plus fréquente. Ainsi la 5e syllabe de ce vers doit être secondaire ou accentuée.

216. — Le vers décasyllabique est de coupe beaucoup plus libre. On évite seulement la coupe après la 5e syllabe.

> Jupiter *ipse* ruens tum*ultu*.
>
> (Od., I, xvi, 12.)

En effet les deux syllabes finales du vers et de l'hémistiche ont ainsi le même rythme italique, ce qui est une imperfection.

217. — Les vers alcaïques sont moins parfaits en latin que les vers saphiques. A moins de leur imposer une allure grammaticale absolument uniforme, il était difficile d'éviter l'ïambe italique au pied non frappé. Stace, qui emploie une fois seulement la strophe alcaïque, en lui donnant d'ailleurs le meilleur rythme possible, semble lui trouver un air quelque peu étrange :

> Parvi beatus ruris honoribus,
> Qua prisca Teucros Alba colit lares,
>   Fortem atque facundum Severum
>   *Non solitis* fidibus saluto.
>
> (Silv., IV, 5.)

Aussi ne paraît-elle pas avoir été d'un usage courant à l'époque impériale.

218. — Le pied initial non frappé qu'on trouve dans certains vers (§ 203) est encore traité librement par Catulle, quand il emploie le mètre phalécien :

R. I. Arida modo pumice expolitum...,
$\stackrel{\_}{} \cup \stackrel{\_}{} \cup$

Meas esse aliquid putare nugas.
$\cup \_$

(*Carm.*, I.)

On voit que *meas* ressemble trop à un pyrrhique, et les Grecs eux-mêmes évitaient de donner à ce pied deux brèves. D'autre part le trochée italique *ári* efface le trochée suivant à longue atone, qui est plus important. La faute serait bien plus tolérable si le pied ne renfermait pas de brève. C'est pourquoi à cette place on met au moins deux longues :

R. I. Tóllunt innumeras ad astra voces,
$- \cup$

Saturnália principis sonantes,
$\cup \cup$

Et dúlci dominum favore clamant :
$\cup \quad \_$

Hóc sólum vetuit licere Cæsar.
$\_ \quad \_$

(STACE, *Silv.*, I, 6, 81.)

La deuxième forme est la plus rare. Elle renferme, en effet, des syllabes trop semblables aux brèves que les Grecs eux-mêmes avaient cru devoir éviter.

Le pied indifférent peut d'ailleurs prendre ainsi toutes les formes du rythme italique, ce qui lui permet, tout en observant les lois latines, de conserver la liberté du rythme grec.

249. — Lorsque deux choriambes se suivent, les deux longues qui se heurtent ont besoin d'être fortement marquées. Si elles font partie du même mot, l'une qui est atone, tandis que celle qui l'accompagne porte l'accent, risque de passer

pour brève en latin par rapport à l'autre ; d'autre part, il est
très difficile de les rendre toutes les deux toniques. Les Latins
ont cherché à vaincre la difficulté en les séparant par une
coupe qui permet de saisir le renversement du rythme. Cette
coupe est régulière dans les asclépiades :

Mecænas atavis | edite regibus.
Nullam, Vare, sacra | vite prius | severis arborem.

220. — Le vers phalécien a des coupes assez variées. Le
trochée italique de la clausule peut apparaître au milieu du
vers, mais à condition d'être accompagné d'une autre coupe
qui forme césure. On éviterait une forme telle que

Vix *auróra* nov*áta* movit *órtus.*

Les meilleurs poètes admettent ordinairement les césures
suivantes qui obéissent aux lois de la dissimilation latine :

Lucani própr*ium* diem f*requéntet.*
Quisquis cóll*ibus* Isthmiæ *Diónes.*

(STACE, *Silv.*, II, 7.)

Une grande variété de coupes rend ce mètre facile à manier ;
aussi fut-il employé souvent par les poètes, et il devint l'hendécasyllabe par excellence.

221. Strophes logaédiques d'Horace. — Les combinaisons logaédiques employées par Horace pour former des
strophes sont les suivantes :

1º Un glyconique et un asclépiade répétés dans le même
ordre :

Nil mortalibus ardui est ;
Cælum ipsum petimus stultitia, neque

Per nostrum patimur scelus
Iracunda Jovem ponere fulmina.

(Od., I, iii, 36)

2° Trois asclépiades suivis d'un glyconique :

Scriberis Vario fortis et hostium
Victor, Mæonii carminis alite,
Quam rem cumque ferox navibus aut equis
Miles, te duce, gesserit.

(Od., I, vi, 1-4.)

3° Deux asclépiades, un phérécratéen et un glyconique :

Audivere, Lyce, di mea vota : di
Audivere, Lyce : fis anus, et tamen
Vis formosa videri,
Ludisque et bibis impudens.

(Od., IV, xiii, 1-4.)

4° Un aristophanien avec un grand saphique :

Lydia, dic, per omnes
Te deos oro, Sybarin cur properes amando.

(Od., I, viii, 1-2.)

5° Un grand archiloquien, suivi d'un trimètre ïambique catalectique :

Solvitur acris hiems grata vice veris et Favoni
Trahuntque siccas machinæ carinas.

(Od., I, iv, 1-2.)

222. Concordance des syllabes dans les mètres logaédiques. — En mesurant les vers logaédiques d'après le système indiqué plus haut (§ 75), on verra facilement que les syllabes correspondantes d'un même mètre diffèrent régulièrement de moins d'un temps italique. C'est là un minimum de concordance exigé sans doute par le rythme, mais probablement aussi par le retour successif de la même mélodie. Ce fait, déjà sensible dans la strophe alcaïque, l'est plus encore dans la strophe saphique. En effet, les syllabes des vers saphiques, au point de vue du rythme latin, se répondent d'une façon tellement normale, que les accents y deviennent à peu près réguliers, et qu'en faisant abstraction de la quantité on pourrait y voir des vers modernes composés de toniques et d'atones. Le saphique ordinaire paraîtrait régulièremant formé d'un dactyle accentué suivi de quatre trochées. Ainsi, à la meilleure époque de la littérature latine, les Romains avaient été amenés à concilier, dans les mètres les plus perfectionnés, le sentiment de la quantité avec celui du rythme national, et à rendre sensible l'action des lois antiques, que les amateurs les plus fervents de l'hellénisme essayaient d'ignorer sans pouvoir s'y soustraire.

223. Mètres ioniques. — Les anciens ont employé seul l'ionique majeur $- - \cup \cup$ ou mineur $\cup \cup - -$. Le plus connu des mètres du premier genre est le *sotadéen*, tétramètre catalectique :

Ἂν χρυσοφορῇς, τοῦτο τύχης ἐστὶν ἔπαρμα.

Mais la résolution des longues et la substitution de pieds divers à l'ionique majeur peut donner à ce vers une grande liberté :

Νόμος ἐστὶ θεὸς· τοῦτον ἀεὶ πάντοτε τίμα.

(Sotadès.)

224. — L'ionique mineur peut s'employer de diverses façons. Dimètres :

Σικελὸς κομψὸς ἀνήρ.

τάδε Μῶσαι κροκόπεπλυ..

225. — Ce mètre se trouve dans Horace, qui répète dix fois un pied pour former une strophe :

Miserarum est neque amori dare ludum, neque dulci mala
vino lavere, aut exanimari, metuentis patruæ verbera linguæ.

(Od., III, xii, 1-3.)

C'est sans doute à tort qu'on a cherché par toutes sortes de moyens à diviser rationnellement cette série. L'absence de dissimilation régulière prouve qu'on ne doit pas y voir des mètres, mais des rythmes traités avec une grande liberté.

226. — Le *galliambe* est un tétramètre catalectique, mais dans lequel les substitutions peuvent être fort nombreuses :

Γάλλαι μητρὸς ὀρείης φιλόθυρσοι δρομάδες,
αἷς ἔντεα παταγεῖται καὶ χάλκεα κρόταλα.

(Héphestion, c. 12, W.)

La deuxième longue du premier pied peut être résolue en deux brèves, dont la seconde peut être réunie à la première du second pied : une syllabe longue est ainsi partagée entre deux pieds par l'*anaclase*.

Super alta vectus Atys celeri rate maria.

(Catulle, LXIII, 1)

Nomenque galliambis memoratur hinc datum,
Tremulos quod esse Gallis habiles putant modos.

(Terentianus Maurus, 1889.)

Ces rythmes fuyants, pour être bien compris, devaient être accompagnés du chant, de la danse ou d'une pantomime.

CHAPITRE XV

LA VERSIFICATION RYTHMIQUE

227. Les vers métriques et les vers rythmiques. — On appelle *rythmique* un genre de versification dans laquelle le principe de l'accent tonique s'est substitué à celui de la quantité. Cette qualification vient du mot *rythme*, qui au moyen âge désigne les vers de ce genre par opposition aux vers classiques. Le moule métrique est resté le même en général ; mais la prosodie est différente : les brèves sont remplacées par des atones, les longues le plus souvent sont représentées par des toniques.

228. Le vers politique des Grecs. — Cette versification fut cultivée chez les Grecs comme chez les Latins : ainsi le vers *politique* ou populaire des Byzantins est une imitation par l'accent grammatical et métrique du tétramètre ïambique catalectique :

Mètre : Δημοσ | θένης | Δημοσ | θένους | Παιχ | νιεὺς | τάδ' εἶ | πεν.

Rythme : Εἰς δε | χαπέν | τε συλ | λαβὰς | τὸν στί | χον πε | ριπλέ | ξω.

Mais, d'une part, l'accent n'a aucune influence en grec sur la quantité ; d'autre part, les vers nouveaux ne se montrent dans la littérature grecque qu'à une époque tardive et sont postérieurs à l'apparition des vers du même genre dans les provinces latines de l'empire romain. Il est donc fort probable que les Grecs, imitateurs à leur tour, ont emprunté ce système nouveau aux Latins eux-mêmes, chez lesquels il était né spontanément par l'action des lois du rythme italique.

229. Origine des vers rythmiques. — La prosodie originale qui joue un si grand rôle dans les anciens poètes latins avait été, non pas effacée, mais réglée, par une adaptation savante, dans les mètres classiques. Pour le peuple, elle n'avait aucunement disparu : on continuait toujours à composer des ïambes ou des trochées dits impurs, de même que la rigueur syllabique établie dans nos vers officiels n'a jamais fait disparaître la prosodie des chansons. Chez nous le rythme des vers savants, comme la quantité chez les Romains, est maintenu par la tradition, l'orthographe et le respect des règles scolaires : mais si cette discipline venait à se relâcher pour une raison quelconque, il est probable que personne n'aurait l'idée de compter les syllabes d'après une prononciation qui remonte au moyen âge. A Rome deux causes, l'une sociale, l'autre politique, paraissent avoir provoqué l'adoption du rythme italique comme base de la versification. Les poètes chrétiens, qui s'adressaient aux humbles, ne jugeaient pas toujours utile de se soumettre à une quantité naturellement ignorée du peuple, et dont les combinaisons amenaient, selon saint Augustin, l'emploi de mots savants inconnus du vulgaire. En second lieu, l'apparition des Barbares fit disparaître, avec la culture raffinée de l'empire, la quantité imitée des Grecs, qui n'était au fond qu'artificielle : la prosodie des poètes savants fut dès lors remplacée par celle qui seule était naturelle, c'est-à-dire par la prosodie italique.

230. La quantité populaire. — Les inscriptions métriques de toutes les époques et de toutes les provinces de l'empire contiennent des fautes qui proviennent simplement de l'application des lois populaires. Les poètes savants, et surtout les poètes chrétiens, laissent échapper aussi des irrégularités, considérées jusqu'ici comme des monstres par les farouches amateurs de la prosodie classique. Les grammairiens de la basse époque, tels que Diomède, en donnant les règles du nombre oratoire pour les clausules ou fins de phrases, renoncent entièrement à la quantité par position ; et s'ils continuent à faire distinguer à leurs élèves celle des longues et brèves par nature, c'est que la première s'apprend par la seule inspection des lettres, tandis que la seconde repose sur des règles variées et dont l'ignorance eût rendu inintelligible le rythme des vers savants.

231. — Les fautes de quantité consistent le plus souvent dans l'abréviation des atones longues, qui par suite ne diffèrent plus des brèves. Ces sortes d'anomalies apparentes sont d'abord rares, puis elles deviennent plus nombreuses, et, lorsqu'elles sont suffisamment multipliées, le vers devient un rythme. Ce développement de la prosodie populaire apparaît nettement dans les hexamètres suivants, qui sont plus ou moins fautifs. Le temps fort peut d'ailleurs allonger n'importe quelle brève :

Intonăs, nubigenam terris largita madorem.

(C. I. L. VIII, 4635.)

Sumptibus e propriis Felix Calvusque grătantes
Hanc aram statuere Deo sanctissimŏ Phœbo.

(*Ib.*, 9019.)

Quisquis amat conjunx, hŏc ĕxsemplŏ cŏnjungat amorem.
Est autem vitæ dulce sŏlaciolum.

(*Ib.*, 7427.)

Addidit hic decus et nomen suæ Claudiæ genti.

(C. I. L. VIII, 4681.)

Non externă satus Scythica de gente Syrorum.
In quo frondicomā odŏratur ad mare pinus.

(*Ib.*, 7759.)

232. Formes de l'imitation rythmique. — Il y a deux manières dans l'art de transformer en rythmes les mètres anciens. La première consiste à imiter les accents toniques du vers tels qu'ils s'y trouvent, en observant la concordance des temps forts et des toniques, et de plus la discordance de ces éléments. Le frappé reste distinct de l'accent grammatical, et le vers peut avoir un nombre variable de syllabes.

La seconde met des syllabes atones à la place des syllabes faibles, des toniques en général à la place des syllabes fortes; elle évite la discordance complète de l'accent tonique et de l'accent métrique. Elle confond ordinairement le frappé et l'accent. Le nombre des syllabes devient fixe, au moins en latin.

233. — Si l'on applique ces règles à l'imitation d'un hexamètre dactylique, on aura deux formes très distinctes :

1re forme. Vers classique :

Cum lévis æthéreis delábitur ímber ab ástris.

Vers rythmique avec les mêmes coupes et les mêmes accents:

Nec énim vitúpero divítias dátas a Súmmo.

2e forme. Vers classique :

Rúra relínquit Phoébus, at indeféssus arátor.

Imitation rythmique :

Cáne furórem, o díva, quo Larissaéus Achílles.
Singe den Zorn, o Gœttin, des Peleiades Achilleus.

Les deux derniers vers latins cités, l'un métrique, l'autre rythmique, ne sont pas des vers : on n'y observe pas les lois de la dissimilation (§ 111) qui régissent les rythmes comme les mètres. On n'en trouve pas de semblables dans les bons auteurs. L'imitation moderne ne remonte pas à un type réel, mais à un modèle idéal, formé par analogie. Les savants germaniques sont portés naturellement à ramener tous les hexamètres rythmiques, même les plus anciens, à la deuxième forme, qui est celle de leurs vers : c'est pourquoi ils ont souvent méconnu ou nié la première, qui seule est véritablement latine.

234. Le vers de Commodien. — La première imitation, plus rapprochée du modèle, est aussi plus ancienne que la seconde. On en trouve des traces dans toute la latinité; mais on la rencontre surtout dans l'Afrique romaine. Les inscriptions métriques de cette province en présentent de nombreux exemples; de plus un auteur chrétien, antérieur peut-être au IIIe siècle, Commodien[1], y a composé deux poèmes entiers en rythmes imités du vers épique.

Pour comprendre les vers de Commodien, il suffit de se rappeler qu'à cette époque le peuple ne distingue plus du tout les atones brèves des longues. Il n'entend comme naturellement longues que les longues accentuées.

1. Sur ce personnage, voir l'intéressante étude de M. Gaston Boissier; *Mélanges Renier*, p. 52 et suiv.

Si donc on récitait un vers classique tel que :

Cum levis æthereis delábitur ímber ab ástris,

on prononçait naturellement :

⏑ ⏑⏑ ⏑⏑⏑ ⏑ ⏑ – ⏑⏑ – ⏑ ⏑ – –

Le sentiment du frappé rendait probablement longues les syllabes intenses, et l'on entendait à peu près :

⏜ ⏑ ⏑ ⏜ ⏑ ⏑ ⏜ ⏑ ⏜ ⏑ ⏑ ⏜ ⏑ ⏑ ⏜ –

Dès lors Commodien pouvait croire qu'il imitait ce mètre en écrivant :

Nec énim vitúpero divítias dátas a Súmmo.

(Carm. Ap., 27.)

En effet ce vers, inexact à l'égard de la quantité, sonne à l'oreille, exactement comme le premier, quant à l'accent. « Mais, aurait-on pu dire à l'auteur, le vers est faux, il y a un trochée au troisième pied. — Qu'importe ! aurait-il répondu : c'est ainsi que nous entendons les vers de Virgile, et personne ne peut exiger que nous fassions mieux que lui. »

235. — Les rythmes de Commodien sont copiés sur le type latin à césure penthémimère, où se trouve établie nettement la dissimilation latine. Ils ont d'ailleurs, comme le modèle classique, des formes variées :

Múlti quidem brúti et ignóti, córde sopíti,

Q.   – – ⏑ –   – ⏑ – – – ⏑ – – –

R. I.   – ⏑ ⏑ ⏜   – ⏜ || ⏑ ⏑ | – ⏑ – ⏑ ⏑ – –

Nil sibi propónunt cognóscere : móre feríno.

Vers correct. — – ⏑ ⏑   – – –   –   – ⏑ ⏑   – ⏑ ⏑ – –

     – ⏑ ⏑   ⏜ – ⏜   ⏑   – ⏑ ⏑   – ⏑ ⏑ – –

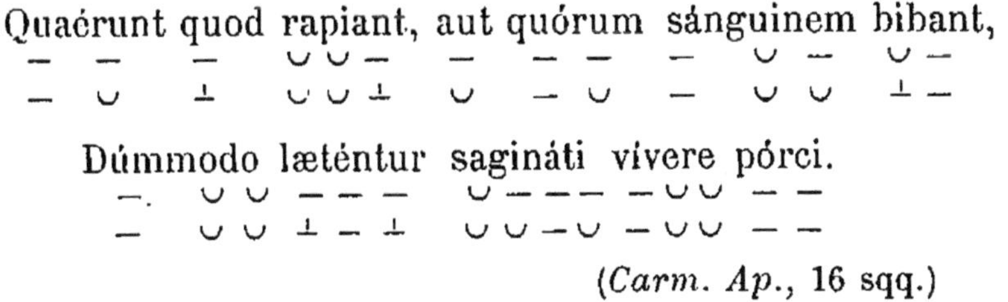

(*Carm. Ap.*, 16 sqq.)

Les vers de ce genre peuvent donc être scandés à peu de
chose près par les procédés qui permettent de comprendre
les mètres de Phèdre et des anciens poètes scéniques.

On reconnaîtra facilement, dans ces rythmes, l'observation des règles qui seules pouvaient avoir une signification à
cette époque, c'est-à-dire les règles du rythme italique. La
concordance de l'accent et du temps fort existe au cinquième
et au sixième pied; la discordance est de règle au deuxième.
Le rythme intérieur des hémistiches est plus libre; mais
il reproduit toujours la *coupe* et *l'accent* d'un modèle
classique. Ces vers peuvent donc être scandés pied par
pied. On ne doit pas y trouver un pied tel que *aut
amó | res* ⊥ ∪ ⊥ |; en revanche, on y rencontre fréquemment le
trochée : c'est l'imperfection nécessaire de toute versification
rythmique.

236. Irrégularités dans la prosodie. — Il était impossible qu'un art dont la prosodie n'était soumise à aucune règle
scolaire ne présentât pas, au moins en apparence, quelques
anomalies. Parmi les plus fréquentes, il faut noter la réunion
en une seule syllabe de deux voyelles, contraction tout à fait
commune dans le latin africain; le non-redoublement de *l* qui
change l'accent: *Cátulus* = *Catúllus*; la prononciation *filiólus*,
la quantité toute romane de *cælum, quaéro* ; car le français

ciel, *quiers*, suppose un *e* bref accentué (*pédem* = pied);
surtout la réunion, signalée déjà comme très antique (§ 176),
sous un seul accent de trois syllabes dont l'avant-dernière
peut être longue. Ces faits permettent de scander certains vers
dont le rythme paraît embarrassant au premier abord :

In lege præcépit Dominus *cæli* térræ marísque.
R. I. ⊥ ∪ ∪   ⊥ — ⊥   ∪ ∪ ⊥   ∪ ∪ — ∪   ∪ — —

Ex protoplásto die pugnátur *in fine* vóbis.
⊥   ∪ ∪ — ∪ ∪ ⊥   ∪   — ∪   ⊥ ∪ ∪   — —

(*Instr.*, I, 2, II, 22.)

237. Autres vers rythmiques. — Les hexamètres rythmiques sont les plus fréquents dans les inscriptions; mais les
autres mètres ont été imités de la même manière. Les ïambes
et les trochées s'y rencontrent plusieurs fois. On trouve également une copie rythmique du phérécratéen qui admet un
anapeste au commencement, selon l'usage de certains poètes :

Alféno Fortunáto
R. I. ∪ — ⊥   ∪   ∪ — —

Liber Pater bimátus
— ∪   ⊥ ∪   ∪ — —

Basis hanc novatjónem
∪ ∪   ⊥   ∪ ∪ — —

Genio domus sacrándam
∪ — ⊥ ∪   ∪ — —

Votum deo dicávi.
— ∪   ⊥ ∪   ∪ — —

(C. I. L., VIII, 5359.)

238. — Le vers de Commodien se retrouve dans divers
monuments postérieurs et au moyen âge; voici un exemple
qui renferme une recette gastronomique :

Lúcium | a caú | da, carpi | ónem a | cápite | laúda.

Ce dernier rythme est *léonin*, c'est-à-dire que l'un des hémistiches rime avec l'autre.

239. Forme usuelle de l'imitation rythmique. — La première forme de l'imitation rythmique, pour être comprise, demandait en somme une certaine instruction, ou tout au moins un sentiment lointain des mètres grecs. Le nombre variable des syllabes était une difficulté ; la discordance des syllabes toniques et fortes empêchait de saisir le vers prononcé naturellement. C'est pourquoi la deuxième forme, qui compte les syllabes et confond autant que possible l'accent et le frappé, fut bien vite préférée à l'autre. C'est elle qui a produit la plupart des rythmes du moyen âge. Elle s'applique principalement aux ïambes et aux trochées, conformément au génie du latin, qui produit difficilement le spondée. Elle reproduisait d'ailleurs les mètres les plus simples et les plus populaires.

Ce système de versification fait coïncider l'atone avec le levé, et la tonique avec le frappé. Comme cette concordance n'est pas toujours possible à cause de l'emploi des mots de quatre syllabes, on évite tout au moins de produire la discordance contraire. Un ïambe par exemple peut n'avoir point d'accent : *perlégerint* ⌣´⌣— ; il peut aussi en avoir deux, dont l'un était probablement inférieur à l'autre : *vír sánc | tus* : c'est le mouvement général du vers qui permet alors de saisir le rythme.

Ce système se trouve appliqué dans une sorte de psaume composé par saint Augustin et dont les vers correspondent à un mètre trochaïque de six pieds :

Omnes qui gaudetis pace, modo verum judicate.
R. I. ´ ⌣ ´ ⌣ ´⌣ ´⌣ ´ ⌣ ´ ⌣ ´ ⌣´—

Abundantīa peccatorum solet fratres conturbare.
⊥ ⏑ ⟋ ⟋ ⏑ ⊥ ⏑ ⟋ ⏑ ⟋ ⏑ ⟋ ⏑ ⊥ ⏑ ⟋ —

(Retract., I, 20.)

240. Rythmes du moyen âge. Hymnes liturgiques. Proses. — Le moyen âge a composé un grand nombre de rythmes; c'est dans les chants liturgiques qu'on les trouve principalement. Les hymnes de l'Eglise sont en général des mètres classiques.

Strophe saphique :

> Ut queant laxis | resonare fibris
> Mira gestorum | famuli tuorum,
> Solve polluti | labii reatum,
> Sancte Johannes [1].

Les proses, au contraire, sont des rythmes; elles renferment en outre des assonances variées; on termine même souvent par la même voyelle les deux hémistiches d'un vers. Les rythmes ïambiques, comme les mètres du même genre, commencent souvent par un pied qui, dans la prononciation, ressemble au trochée :

> Hómo, sed májor hómine.
> R.   — ⏑

Mais le mouvement une fois donné par le deuxième pied, qui renferme le premier frappé, doit toujours continuer dans le même sens.

Aussi les vers trochaïques, où le premier pied donne le mouvement, ne présentent point cette anomalie.

---

1. Les premières syllabes des hémistiches de cette strophe ont servi comme on sait, à Guido d'Arezzo pour nommer les notes de la gamme.

241. — Rythme trochaïque imité du septénaire régulièrement divisé en hémistiches :

> Tantum ergo sacramentum
> R.
>
> Veneremur cernui,
> R.
>
> Et antiquum documentum
>
> Novo cedat ritui.

Système trochaïque :

> Stabat mater dolorosa
>
> Juxta crucem lacrimosa
>
> Dum pendebat Filius.

Rythmes variés, tirés d'une prose en l'honneur de saint
Maur, composée au Xᵉ siècle :

Hexamètres dactyliques :

> Unius tantas Maurus miseratus aërumnas
> Restituit claudo gressum, mutoque loquelam.

Iambiques trimètres :

> Beáti Maúri cógnita præséntia
> Caécus precátur lúmen út recípiat
> Cújus vir sánctus préce mótus nímia
> Orándo síbi quód depóscit ímpetrat.

Iambiques dimètres :

> Ita per Maúri méritum
> Vini redúndat vásculum.

Glyconiques :

> Sáncti Maúri compássio
> Sólo Crúcis signáculo.
> ∠ — ∠ ∪ ∪ ∠ ∪ —

On peut remarquer que les hexamètres ne renferment qu'une faute contre la quantité ; s'ils ne sont pas des mètres, ils sont composés à la manière des vers africains.

Les rythmes du moyen âge sont extrêmement variés. Il en est qui semblent créés de toutes pièces et n'avoir été copiés directement sur aucun modèle antique.

CHAPITRE XVI

LA VERSIFICATION MODERNE

ORIGINE DES PRINCIPAUX VERS FRANÇAIS

242. — Les rythmes latins ont été pris pour modèles au moyen âge par toutes les nations qui ont subi l'influence de la culture latine. Toutefois le caractère de l'imitation n'est pas unique, à cause du génie différent des langues.

243. Vers germaniques. — La langue allemande, dont l'accentuation est très variée, et la langue anglaise qui a beaucoup de mots français, mais leur donne le rythme germanique, ont pu copier sans grande peine les principaux rythmes et même les mètres antiques. Leur versification se rattache à la deuxième forme.

Hexamètres dactyliques :

Sórgsam bráchte die Mútter des kláren, hérrlichen Weines.
(Gœthe.)

Spéaks, and in | accents dis | cónsolate | ánswers the | wail of
[the | fórest.
(Longfellow.)

Distiques élégiaques :

Im Hexámeter hébt sich des Springquells flüssige Säule,
Im Pentámeter draúf fällt sie melódisch heráb.
(Schiller.)

In the he | xámeter | ríses the | foúntain's | sílvery | cólumn,
In the pen | támeter | áye| fálling in | mélody | báck.

(COLERIDGE.)

Vers d'allure ïambique admettant parfois l'anapeste :

Wer reí | tet so spät| durch Nácht | und Wind.

(GŒTHE.)

The wáy | was lóng, | the wínd | was cóld.

(W. SCOTT.)

On peut reprocher aux hexamètres de ce genre de renfermer des trochées, et par conséquent d'être un mélange de pieds de mesures différentes. Le premier vers anglais cité n'a pas de césure au sens antique du mot; de même dans l'hexamètre allemand du distique, la fin de l'hémistiche *hébt sich* a le même accent et le même rythme naturel que la fin du vers. C'est une faute au point de vue métrique.

244. Origine du vers décasyllabique français. — On voit assez facilement, à l'aspect d'un vers germanique, quel est le type ancien qui lui a servi de modèle. Chose étrange, on en est encore à discuter sur la formation du vers roman. L'origine de nos deux principaux vers français a été des plus controversées. On a fait venir notre décasyllabe, le plus ancien de tous, des rythmes les plus différents et même de plusieurs en même temps. L'opinion qui paraît la plus répandue, et qui était celle de Littré, le fait dériver du vers saphique.

245. — C'est là une question d'étymologie rythmique. Nos vers viennent des rythmes latins comme nos mots sont sortis des mots latins, et ils ont dû suivre des règles sensiblement semblables. Le grand principe roman étant celui de l'accent,

il y a lieu de tenir compte tout d'abord de la place des toniques. Mais de plus l'étymologie peut et doit être éclairée par
les formes correspondantes des langues congénères : il doit en
être de même pour la dérivation des vers.

Or, si l'on suppose qu'on imite les accents du vers saphique,
sans tenir compte des temps forts, on obtient, comme dans
notre ancien vers épique, un accent fixe à la quatrième et à la
dixième syllabe :

Auream quísquis mediocritátem.
4   10

Mais on n'explique point comment dans le vers italien, et
aussi dans les nôtres, la sixième syllabe est si souvent tonique ;
car cette syllabe, dans le saphique, n'était ni intense ni accentuée nécessairement. De plus cette hypothèse est contraire
aux habitudes du moyen âge. En copiant les mètres logaédiques, les poètes remplaçaient en latin les deux longues du
choriambe par deux toniques, et c'était à la vérité la seule
façon de ne pas fausser le rythme primitif.

Sancti Maúri compássio.

L'imitation du saphique, en remplaçant, selon la règle, les
temps forts par des accents aurait donné :

Hæc dum cólit dúrus arátor árva,

c'est-à-dire une 4ᵉ et une 6ᵉ atones, une 5ᵉ et une 8ᵉ toniques,
Or ces caractères n'existent pas dans le vers roman.

**246. Le décasyllabe français et l'hendécasyllabe ita-
lien.** — D'ailleurs il faut observer que le vers italien a trois

formes. La dixième syllabe est tonique, mais selon que le mot final est oxyton, paroxyton ou proparoxyton, le nombre total des syllabes varie de dix à douze :

> Quel che l'uom véde, Amor gli fa invisíbile.
> 12
> Tu duca, tu signór, e tu maéstro.
> 11
> Quanto posso, mi spétro, e sol mi stó.
> 10

L'ancien vers français présente encore ces trois formes, au moins dans l'écriture :

> Quer par cestui avront bonc adjutórie.
> (*Alexis.*)
> Rollanz est proz, et Oliver est sage.
> Tere de France, mult estes dulz païs.
> (*Chanson de Roland.*)

Or l'imitation du saphique hendécasyllabe rend compte de la deuxième forme, et au besoin de la dernière, car une atone peut tomber à la fin d'un vers comme à la fin d'un mot ; mais l'adjonction d'une douzième syllabe dans la première forme, qui précisément est très antique, devient inintelligible.

247. — Ces difficultés disparaissent si l'on fait dériver tout simplement le vers roman d'un rythme très ordinaire, peu compliqué, imité lui-même et régulièrement d'un mètre ancien très populaire, le trimètre ïambique.

Le rythme tiré de ce vers renferme douze syllabes. Les syllabes 4, 6, 8 sont toniques; la 12e, qui était intense, devait être accentuée, mais ne put l'être à cause des règles de l'accent latin, qui ne se met pas ordinairement sur les finales. Le dernier mot était donc proparoxyton (cf. § 241) et la dixième syllabe était accentuée.

Le roman primitif imitait facilement la cadence finale, car il devait avoir beaucoup de proparoxytons, comme *pópolo*, *cálido*. Ces mots, par l'action des règles phonétiques, perdirent bientôt une ou même deux atones : *peuple, chaud*; dès lors le vers, qui suivait le mouvement du langage, se réduisait d'une même quantité. De là viennent les trois formes du vers dont la première, la plus rapprochée du modèle, apparaît visiblement dans le vers français comme la plus ancienne.

248. — Le roman, après quelques hésitations, n'a retenu des accents intérieurs que les deux principaux. Ceux de la 4e et de la 6e syllabe étaient les mieux entendus et les plus nécessaires; ils marquaient les deux césures du mètre primitif la *penthémimère* et l'*hephthémimère*, et ils établissaient la dissimilation en opposant le trochée rythmique de l'hémistiche à l'ïambe atone qui terminait le vers.

249. — Les différences qui séparent le vers français du vers italien, malgré leur origine commune, sont fort analogues, quant à la cause, à celles qui distinguent les vers grecs et latins, elles s'expliquent également par les même raisons, c'est-à-dire par le génie phonétique des langues.

L'accent étant bien moins marqué en français qu'en italien, les toniques nécessaires risquaient de passer inaperçues. On fut donc amené à les faire suivre d'une pause qui force la voix à s'arrêter et à les rendre plus sensibles. De là vient l'ancienne règle toute française du repos de l'hémistiche.

250. — Nos anciens poètes, dans leurs vers de dix syllabes, ont préféré l'accent de la 4ᵉ syllabe à celui de la 6ᵉ, et l'on s'est mis à employer l'un à l'exclusion de l'autre. Contrairement à l'usage italien, on emploie peu la forme :

> Elle vous traite bien : | mais la nature....

Le vers étant sensiblement coupé en deux par le repos, on a jugé sans doute que la clausule était courte et peu harmonieuse.

251. Caractère spécial de la prosodie en français. — Comparons le français à l'italien au point de vue du rythme des mots, ce que les anciens appelaient *nombre oratoire*. L'italien a surtout des paroxytons, comme *piàno*, *amóre*, et bien moins de mots autrement accentués. Aussi aime-t-il les clausules qui présentent le rythme habituel. C'est pourquoi, dans cette langue, le vers épique a pris le nom générique d'hendécasyllabe, parce que telle en est la forme la plus naturelle. A l'hémistiche, qui est une clausule secondaire, l'italien, admet volontiers le même rythme :

> Vergine bélla, | ch' è di sol vestita.
> (Pétrarque.)

Le français, au contraire, est essentiellement oxyton. L'*e* muet qui seul produit les paroxytons (*faire*) ne se fait entendre, et dans un langage soigné, qu'entre deux consonnes, dont il facilite la prononciation : la preuve en est qu'on le prononce parfois là où il n'est pas indiqué par l'écriture, par exemple dans *arque* (*arc*) *de cercle*. Les Français du Midi donnent à cette lettre une certaine consistance, mais entre les consonnes et non dans les clausules : *Une belle ros'* et non *roseu*; l'*e* muet ne sert qu'à faire entendre le son de l'*s*. La prononciation *roseu* ne nous est imposée que par le chant, et l'habitude seule, disait Voltaire, peut en faire supporter l'incongruité.

252. — Le français aime donc les clausules en oxytons; son vers épique s'appelle décasyllabe, parce qu'il est essentiellement oxyton : et c'est là son nom véritable.

C'est pourquoi il n'admet guère, comme on le fait en italien, un vers tel que :

> Votre pruden | ce n'a jamais failli.

parce que si l'on met une pause après *prudence*, l'*e* muet n'est plus prononcé et le vers devient faux. En revanche, nos anciens poètes ne tenaient aucun compte de l'*e* muet à l'hémistiche, et avec raison :

> Tere de Franc(e), mult estes dulz païs.
> 4   10

La suppression regrettable de cette liberté est due à des versificateurs qui n'ont pas bien compris le génie de notre langue, ou qui, jugeant étrange de ne pas prononcer des lettres écrites et visibles, ont voulu composer des vers pour les yeux pluôt que pour les oreilles.

253. L'alexandrin. — Ce caractère spécial du français a d'ailleurs exercé une influence importante sur la versification. En comparant la vieille imitation décasyllabique au rythme latin ïambique toujours vivant dans les écoles et dans le plain-chant, les trouvères du XIIe siècle durent s'apercevoir qu'il lui manquait quelque chose : elle ne reproduisait plus les douze syllabes primitives. Or l'établissement définitif du rythme oxyton dans les mots français à la clausule permettait de supprimer cette anomalie. On pouvait faire dès lors ce qui était impossible au latin, finir le vers par une tonique, et l'harmonie était d'autant meilleure qu'une syllabe latine frappée était remplacée, selon la règle générale, par une syllabe accentuée. L'*e* muet, quoique écrit, ne fut compté ni à la clausule intérieure, comme dans le décasyllabe, ni à la fin du vers :

> N'est nus qui la connoiss*e*, qui forment ne la pris*e*.
>
> (*Berthe aux grands pieds.*)

Ainsi fut créé l'alexandrin. L'accent intérieur y est laissé quelquefois à la 4ᵉ syllabe ; mais on le plaça couramment à la 6ᵉ, parce que sans doute l'égalité des hémistiches paraissait plus appropriée aux exigences d'un art encore primitif.

Notre vers de douze syllabes n'est donc, comme celui de dix, qu'une imitation du sénaire ïambique ; mais il est fondé sur une prosodie plus avancée, et c'est pour cette raison qu'il a été créé à une époque postérieure. L'alexandrin n'est pas autre chose que le *doublet* de notre ancien vers épique.

254. Imitation des mètres antiques en français. — Le vers français, au point de vue du rythme, est inférieur au rythme latin dont il est sorti. Il a perdu une partie des accents nécessaires ; et de plus il est devenu très monotone. Les deux coupes primitives ont été réduites à une seule. En outre, en latin, ces coupes établissaient la dissimilation des hémistiches, tandis qu'en français on oppose ou plutôt on n'oppose pas deux syllabes toniques. Il n'y a plus de dissimilation, et ce qu'on persiste encore à appeler césure est la négation même de la césure antique.

Cet affaiblissement du rythme dans nos vers a frappé plus d'une fois nos ancêtres, et à plusieurs reprises on a essayé de le rétablir. Les uns ont cherché à créer des mètres fondés sur la quantité antique, d'autres préfèrent s'adresser au principe de l'accent.

255. — Baïf et Rapin, au xviᵉ siècle, ont fait des vers d'après la quantité; Turgot, entre autres, les a imités au xviiiᵉ siècle :

Distique élégiaque :

> Phébus, Amour, Cypris veut sauver, nourrir et orner
> — ∪ ∪ — — — — — — — ∪ ∪ — —
> Ton vers cuer et chef d'ombre, de flamme, de fleurs.
> — — — — — — ∪ ∪ — ∪ ∪ —

(Baïf.)

Hexamètres :

Enfin, lorsque l'Aurore a de ses feux blanchi l'horizon,
Lorsque du jour naissant les clartés ont chassé les ombres.

(Turgot. Œuvres, t. IX, p. 50 sqq.)

Strophe saphique :

> Vous qui les ruisseaux d'Hélicon fréquentez,
> Vous qui les jardins solitaires hantez,
> Et le fond des bois, curieux de choisir
> — ∪ — — — ∪ ∪ — ∪ — —
> L'ombre et le loisir.
> — ∪ ∪ — —

(Rapin.)

La quantité de ces vers ne s'impose pas nécessairement. Beaucoup de gens prononcent, *Phĕbus, noŭrrir*; *et* ne peut guère être pris pour une longue; *ombres* n'a pas sensiblement deux syllabes à la fin du vers; *horizon* est plutôt un anapeste. D'ailleurs chaque province et même chaque personne met la quantité de certains mots à sa façon. La strophe saphique a une assez heureuse cadence, et l'on a fait observer avec raison que le rythme n'en est point tout à fait insensible à nos oreilles.

256. La quantité des mots français est variable ; le langage dialectal, chassé des formes grammaticales écrites, triomphe encore dans la prosodie. Ce vers de Racine, à peu près anapestique dans la prononciation ordinaire, peut prendre un rythme tout autre dans certaines provinces de l'Est :

> Vous m'avez de César confié la jeunesse.

Cela n'empêche pas que nous n'ayons le sentiment de la quantité. Nous distinguons fort bien les voyelles dans *patte* et *pâte*, dans *ôte* et *mode* ; mais, sur la plupart des points, la longueur ou la brièveté naturelle n'est fixée par aucune autorité scolaire. Nous sentons également la quantité par position : la première syllabe de *accorder*, qu'il faudrait écrire *acorder*, n'a pas pour notre oreille la valeur de la seconde. Nous connaissons même la loi des liquides : *porte* a la première syllabe longue ; *peuplé*, *étroit*, peuvent l'avoir brève ; pour s'en convaincre, il suffira de chanter ces mots sur deux notes rapides : on verra que *porte* ne s'y prête que difficilement. Les règles de la quantité pourraient être fort utiles dans notre langue ; elles feraient disparaître l'élément le plus important et le plus choquant de l'accent provincial ; elles faciliteraient l'adaptation des paroles au chant et supprimeraient certaines discordances des plus désagréables. Mais le grand défaut des réformateurs est de n'avoir pas établi nettement les lois de la prosodie, et surtout de n'avoir pas cherché un moyen de les faire accepter. L'entreprise n'est pas d'ailleurs des plus faciles Après avoir donné, par exemple, la règle de position, on ne pourrait guère enseigner que la première syllabe est brève dans *pomme* et la seconde dans *couronne*, que la première syllabe de *honneur* a la même quantité que celle de *honoré*. Cette innovation supposerait donc une réforme orthographique ; c'est assez dire quelle audace il faudrait avoir pour oser concevoir l'idée de la tenter.

257. Imitation française des vers rythmiques. — Les rythmes fondés sur l'accent, tels qu'on les trouve dans les versifications germaniques, pourraient quelquefois être imités dans notre langue. On reconnaît un mouvement ïambique ou à peu près dans ces vers de Corneille :

> Rodrigue, as-tu du cœur? — Tout autre que mon père
> L'éprouverait sur l'heure. —

Aussi a-t-on cherché à emprunter cette rythmique à nos voisins. Mais l'écueil est toujours le même. Il faudrait, pour établir une prosodie, nous dire exactement où est l'accent dans les mots français. Les philologues, se fondant sur l'histoire de la langue, le placent sur la syllabe finale quand elle n'est pas muette. Les toniques correspondent alors aux toniques latines. Il est indubitable que l'accent latin a joué le plus grand rôle dans la formation du français, et qu'à l'origine les mots étaient sensiblement prononcés de cette manière. Mais si l'accent est soumis à des règles si simples, comment se fait-il qu'on ait mis tant de temps à les découvrir? L'existence d'un accent grammatical a été niée au XVIIe siècle : les écrivains du XVIIIe qui s'en sont occupés, Duclos, d'Olivet, Marmontel et d'autres encore, en ont donné des règles confuses et de plus incomplètes, qui équivalent à une négation. De plus les auteurs de rythmes français n'observent pas les règles des savants : on ne voit pas bien ce qu'ils ont fait, ni surtout ce qu'ils ont voulu faire. Les musiciens, qui n'ont d'autres préjugés que ceux de l'oreille, ne sont pas toujours de l'avis des philologues. Les mots français ont certainement subi l'influence du rythme germanique, qui recule l'accent pour le porter sur le radical. Ce fait est surtout sensible dans les provinces de l'Est, où la syllabe d'appui est loin d'être toujours la dernière. On accentue par exemple jeûnesse, saison; et dans les patois, la prétendue tonique est allée jusqu'à disparaître[1]. Le français hésite souvent entre deux principes contraires : l'accent latin primitif et l'accent germanique, qui n'a pas été assez fort pour l'emporter tout à fait, mais qui souvent a presque annihilé son adversaire. L'accent français est douteux ; il varie d'ailleurs avec les provinces. L'imitation des vers rythmiques, pour être bien naturelle, paraît présenter les plus grandes difficultés.

258. Théories sur la rythmique des vers français. — Si l'on n'a pu imiter sérieusement les rythmes latins ou modernes dans des œuvres originales, on a voulu du moins les retrouver dans les vers de nos poètes. Mais il est à craindre que les savants, surtout les étrangers, n'y trouvent un peu ce qu'ils y ont mis, et, à leur insu, n'y mettent que ce qu'ils veulent. Ils ne s'accordent pas d'ailleurs sur tous les points. On nous impose en somme un système qui consiste à revenir à l'accent latin. La loi ne nous paraît pas trop dure, parce qu'elle correspond en partie à la réalité et qu'elle règle un usage parfois indifférent ; mais on ne saurait affirmer qu'elle soit l'expression fidèle du rythme actuel de la langue. Si cette prononciation pouvait être adoptée, il serait facile de faire

---

1. En franc-comtois *déj = déjà; teuj = toujours.*

des vers rythmiques français : sinon il paraîtrait encore plus naturel de faire revivre le principe plus fixe de la quantité.

259. Le vers des romantiques. — Le vers français a été modifié par les romantiques en dehors de toute imitation ancienne ou étrangère. Les classiques, n'osant bannir l'uniformité du vers, parce qu'elle était traditionnelle, avaient entrepris de s'en vanter : le poète devait s'enorgueillir de ses chaînes, semblable à un musicien d'autant plus apprécié qu'il n'aurait qu'un détestable instrument. Victor Hugo fit ce qui était humainement possible pour indiquer la césure sans l'exagérer, et pour varier le rythme sans le détruire. Il a fait admettre l'enjambement, justifié d'ailleurs par la richesse de la rime qui marque mieux la fin du vers; il a, non pas supprimé, mais rendu moins monotone la coupe de l'hémistiche. Chose curieuse, un type de vers qu'il a souvent employé rappelle exactement les accents du modèle latin, dont les syllabes 4, 6 et 8 étaient toniques :

> Il fut héros, — il fut géant, — il fut génie.
> Tantôt des bois, — tantôt des mers, — tantôt des nues.

De jeunes poètes ont depuis complètement supprimé le repos de l'hémistiche : c'est aller un peu trop loin. La seule règle qui maintenait un reste de rythme intérieur cesse alors d'être appliquée. Le vers prend une grande variété rythmique, avantage précieux, mais qu'il partage avec la prose. Il peu avoir tous les rythmes et par conséquent il n'en a aucun. L'alexandrin ainsi transformé n'est plus qu'une phrase de douze syllabes terminée par une sorte de sonnerie qui prépare un écho.

260. La rime. — C'est par la rime, en effet, qu'on a cherché dans notre siècle à remédier à l'insuffisance instinctivement reconnue du rythme intérieur. A vrai dire, il n'était guère possible d'agir autrement, à moins de faire une révolution dans l'art des vers. Il n'est plus guère utile de disserter sur la nécessité de la consonance finale : comme l'a dit un poète, la seule chose qui dans un vers frappe réellement l'oreille et les yeux, c'est la rime.

Cet élément de l'harmonie a pu produire d'heureux effets, mais seulement à force d'art : il est d'une nature inférieure. Il nous vient du moyen âge, qui ne l'a point créé, car c'est là une chose naturelle qu'on inventerait immédiatement si elle venait à disparaître, mais qui nous l'a imposée. L'art délicat des anciens ne l'aurait guère admise. Comme l'allitération, l'assonance et d'autres procédés du même genre, la rime, employée régulièrement, n'aurait paru qu'un jeu enfantin, bon à faire les délices du jeune âge, sorte de hochet poétique qu'on n'eût jamais songé à perfectionner pour l'usage des grands hommes. C'est pourtant à cette besogne que nos poètes se sont attachés; et ils ressemblent ainsi à un compositeur qui, laissant jouer à volonté les autres instruments, s'acharnerait à perfectionner le jeu des cymbales. La cadence de nos vers manque au fond d'unité et de consistance. La rime, sorte d'enseigne éblouissante, nous fait fermer les yeux sur le rythme intérieur, qui seul est une richesse véritable.

261. Les vers anciens et les vers modernes. — Ce caractère vague de l'harmonie ne permet point de donner aux différentes œuvres poétiques une forme rythmique déterminée ; il supprime l'adaptation des vers aux genres, qui est un des grands avantages de la versification antique. Les anciens avaient des mètres appropriés à chaque genre de poésie : chez nous, l'alexandrin, par exemple, descend sans aucune honte des hauteurs de l'épopée à la familiarité de la poésie légère. C'est là une infériorité de la versification, si on la compare aux arts les plus voisins. Que deviendrait la musique si les compositeurs ne tenaient aucun compte des rythmes dans l'expression des sentiments ? Si nous adaptons aux situations les cadences variées des sons, pourquoi ne cherche-t-on pas en poésie à leur approprier d'une façon plus précise le mouvement des syllabes, c'est-à-dire les paroles?

262. Caractère savant de la prosodie. — Notre versification, comparée aux autres, a un caractère tout particulier au point de vue de la prosodie. Nos vers sont construits d'après une prononciation très ancienne qui a été depuis sensiblement modifiée : l'*e* muet, notamment, ne sert plus guère en général qu'à soutenir trois consonnes, et à faire prononcer les consonnes finales : pourtant, dans la récitation des vers, nous remontons au moyen âge; dociles au joug du rythme écrit, nous épelons les syllabes comme des écoliers sous la férule. Les Italiens lisent leurs vers naturellement selon le génie de leur langue :

> Canto l'arme pietos(e) e 'l capitano.

Mais qui oserait écrire en français, conformément à l'usage habituel du langage :

> Chantons les armes pieus's, et l'capitaine?

263. — Les vers ainsi faits, privés des syllabes non prononcées, sont plus remplis et plus sonores et se prêtent mieux à la musique. Ils auraient l'avantage de ne point exiger la connaissance d'une orthographe savante, qui commande à la parole au lieu de lui obéir, et sacrifie le rythme des mots à la vision des lettres. Cet apprentissage est parfois assez long, et certains esprits s'y montrent rebelles. Aussi les vers faux sont-ils fréquents dans la récitation et la déclamation et même au théâtre. Mais le public ne se récrie plus comme au temps de Cicéron ; il sent bien que le rythme n'a pas grand'chose à perdre, et il ne juge pas utile de se déranger pour le défendre. On pourrait dire, il est vrai, en faveur de la prononciation savante, qu'elle est excusée par l'écriture, c'est-à-dire par un autre abus du même genre ; ou bien qu'en donnant aux mots une forme qu'ils n'ont point en prose, elle n'est que plus favorable à la poésie. Et en effet il semble que la contrainte, qui est la règle de tous les arts, ne pouvant guère s'exercer sur la métrique affaiblie, s'est rejetée sur la prosodie. Mais tout au moins les vers prononcés naturellement pourraient-ils être admis particllement dans les genres où l'on se rapproche du langage ordinaire. Il est étrange qu'après avoir admis avec orgueil les termes des vilains et des manants, on n'ose point toucher, même dans les genres familiers, à une prononciation plus qu'aristocratique, qui a la noblesse des croisades, mais qui n'est pas même celle des Académies. C'est peut-être une des raisons qui ont fait délaisser le drame et la comédie en vers. La double forme savante et populaire, admise chez les Romains, permettait d'approprier la prosodie aux genres nobles ou familiers ; et c'était là en somme une richesse pour la littérature.

264. — L'histoire des mètres, depuis la période hellénique jusqu'à nos jours, nous montre une transformation lente et successive, mais naturelle, amenée principalement par le génie différent des langues. Mais ce n'est pas là une marche vers la perfection : c'est un progrès comme aimaient à le concevoir les anciens, un progrès à rebours. Il y a notamment deux choses qui, chez nous, malgré les apparences, n'ont pas été entraînées par le mouvement de rénovation littéraire qui a suivi la Révolution : l'orthographe et la versification; et ces deux arts semblent rester au-dessous de tous les arts modernes. C'est l'importance même de la réforme qui en fait la difficulté. Le mécanisme antique, usé jadis par les Romains, puis dépareillé par la main des trouvères du moyen âge, paraît désormais rebelle à toute restauration. Nous avons toutefois conservé des plans qui nous montrent ce qu'il a pu être quand il avait une marche régulière. Les éléments fondamentaux des rythmes sont toujours vivants; l'histoire de leurs variations pourrait sans doute servir à trouver quelque manière de les utiliser. Ce n'est assurément pas la tâche des théoriciens; c'est peut-être celle des poètes.

FIN

INDEX ALPHABÉTIQUE [1]

(Les chiffres renvoient aux paragraphes).

* * *

A

Acatalecte (vers), qui a tous ses pieds complets, 44.

Accent; différents sens de ce mot, 14; accent latin, 15; — métrique, 17; en français, 257.

Acharn. Les *Acharniens* d'Aristophane.

Ad. Les *Adelphes* de Térence.

Adaptation des rythmes aux sentiments exprimés, 55.

Adonique (vers), 198.

Africaine (prosodie), 236.

Alcaïque (vers), 198; (strophe), 202, 214.

Alcmanienne (strophe), 129.

Alexandrin (vers français), 253.

Allemands (vers), 243.

Allitération, suite de mots répétant plusieurs fois la même lettre, 260.

Allongement par position, 3; par le temps fort, 178.

Amph. L'*Amphitryon* de Plaute.

Amphibraque (pied), 18.

Amphimacre ou crétique, 18.

Anaclase, 227.

Anacruse (ἀνάκρουσις, prélude), nom donné par les modernes à la partie faible d'un pied initial, celle qui dans notre musique reste en dehors de la mesure.

Anapeste (pied), 18; éthos, 55.

Anapestique (mètre), 131-180.

Andr. L'*Andria* de Térence.

Anglais (vers), 243.

Antig. L'*Antigone* de Sophocle.

Antibacchius (pied), 18.

Antispaste, 18.

Antistrophe, v. Strophe.

Aphérèse, suppression d'une voyelle initiale, 12.

Archiloque, 137.

Archiloquien (vers), 199; strophe — ne, 128.

Aristophanien (vers), 134, 198.

Arsis, ἄρσις, nom primitif de la partie faible de la mesure, pris plus tard dans le sens opposé de temps fort, 17.

Asin. L'*Asinaria* de Plaute.

Ascendant (rythme), le contraire de descendant, qui commence avec la partie faible d'un pied, 52.

Asclépiade (vers), 198, 219.

Asynartète (vers), composé de deux parties qui ne sont pas intimement réunies, 44.

---

1. Pour les questions qui se rattachent à l'étude de la rythmique proprement dite, on pourra consulter la *Rythmique grecque* de MM. Riemann et Dufour (Paris, A. Colin).

H

Héc. L'*Hécyre* de Térence.
ἡμιόλιον, sesquialterum (genre), 18.
Hémistiche. Les deux parties du vers séparées par la césure, 40; en français, 249.
Hendécasyllabe saphique, phalécien, 198; italien, 250.
Héphestion, métricien grec, dont il nous reste un petit traité, accompagné de scolies.
Hephthémimère (césure), 93, 141.
Hermann, 203.
Héroïque (vers) ou épique, 91.
Hexamètre : vers de six pieds, 43; — dactylique, 91; en grec, 91; en latin, 106; — ïambique, 137.
Hiatus, 13.
Hippius (pied), autre nom de l'épitrite, 18.
Hipponactéen (vers), 152.
Homérique (prosodie), 9.
Horace, ennemi de la prosodie italique des anciens poètes, 188; véritable initiateur des mètres logaédiques en latin, 204 et suiv.; strophes employées par ce poète, 128, 151, 211, 214, 221, 225.
Hugo (V.), 259.
Hymnes de l'Eglise, 240.
Hypermètre, 44.

I

Iambe, pied, 18; s'emploie aussi pour désigner les vers ïambiques.
Iambélégiaque (vers), 154.
Iambique : dipodie —, 21; trimètre —, 137; en latin, 187; autres vers —s, 149.
Iambographes, poètes qui emploient les ïambes et les trochées, souvent purs, ailleurs que dans le genre dramatique, surtout dans la satire. Les principaux sont Archiloque, Simonide d'Amorgos et Hipponax.
Imitation; change le caractère des mètres, 61; — savante des ïambes en latin, 187; — des mètres anciens en français, 254; — des rythmes, 257.
Impur : rythme —, qui ne présente pas le rapport voulu entre les temps faibles et les temps forts, 25; vers —, vers ïambique ou trochaïque qui, en latin, d'après les règles ordinaires de la quantité, semble admettre aux places paires des pieds de quatre temps.
Indifférent, qui n'a pas de caractère bien déterminé; rythme — ou pied — composé exclusivement de longues ou de brèves, 25; mouvement grammatical —, qui suppose dans un pied l'absence de coupe ou la présence d'une coupe positive et d'une coupe négative, 26; syllabe — e, à la fin des vers, 46; syllabe — en latin, atone longue, soutenue dans un vers par le temps fort, 77.
Intensité : Renforcement du son, caractère du temps fort dans les vers, Introd., 17.
Intr Les *Instructiones*, poème de Commodien.
Ionique (pied), 18; (mètre), 224.
Iph. à Aul. L'*Iphigénie à Aulis* d'Euripide.
Irrationnel (pied), qui renferme une longue au lieu d'une brève, 21.
Irrégulier, accent — en latin, 167, 176.
ἴσον (γένος), genre égal. 18.
Italien (vers), 243.
Italique, par opposition à hellénique, sedit des choses proprement lati-

la plus parfaite, 119; a cherché à faire de même pour le pentamètre dactylique, 125.

Oxyton; mot —, qui a l'accent sur la dernière syllabe.

P

Parabase, 134.

Parémiaque (vers), 134.

Pariambe (pied), 18.

Parfait (rythme), 25.

Paroxyton, qui a l'accent sur la pénultième.

Penthémimère (césure), dans le vers épique, 93; dans le trimètre ïambique, 141.

Péons (pieds), 18; cf. 181.

Pers. Le *Persa* de Plaute.

Phalécien (vers), 198; en latin, 218.

Phèdre, fabuliste, a donné le type le plus régulier du senarius populaire, 155 et suiv.

Phérécratéen (vers), 198; — rythmique, 237.

Pied, mesure du rythme chez les anciens, 17 et suiv.

Politique (vers), 228.

Populaire (vers ou poète), par opposition à savant : qui mesure les syllabes en latin ou les compte en français, non pas d'après des règles fixes, mais d'après la prononciation usuelle. Quantité —, 61 et suiv., 231; versification —, 155-187; en français, 62, 262.

Porson, philologue anglais, a donné son nom à une règle qui interdit de couper un spondée au milieu du 5e pied du trimètre ïambique, et qui n'est que l'application d'un principe général, 145.

Positif (1), qui donne le sentiment d'une quantité ou d'un rythme précis, et qui ne peut être confondu avec un autre. Rythme —, 28; mouvement grammatical —, 28; coupe —e, 26; pied —, dans lequel la valeur du rythme et du mouvement grammatical est supérieur à 0,30; syllabe —e en latin, véritablement longue, longue tonique, 77.

Positio, opposé à *sublatio*, nom latin du temps fort, puis pris par confusion du temps faible en latin, 17.

Prépositions dans Plaute, 172.

Priapéen (vers), 199.

Proclitique, mot qui s'appuie sur le suivant et ne forme avec lui qu'une seule partie du discours, 15, 177.

Proparoxyton, qui a l'accent sur la troisième syllabe à partir de la fin.

Properce, poète dont l'art est intermédiaire entre celui de Catulle et celui d'Ovide, 125.

Proses de l'Église, 240.

Prosodie, science de la quantité chez les anciens; elle consisterait chez nous dans la numération des syllabes.

Psaume de saint Augustin, 239.

Pur (pied), qui donne sans mélange le mouvement fondamental, 25; mètre —, dont tous les pieds sont purs.

Pythiambque (strophe), 130.

Q

Quantité des syllabes, 1; — italique, 74 et suiv.; — populaire, 232; — en français, 256.

Quicherat. Introd. 1; 105.

Quintilien. Introd., note.

R

S

FIN DE L'INDEX ALPHABÉTIQUE

TABLE DES MATIÈRES

FIN DE LA TABLE DES MATIÈRES

26096. — Imprimerie Lahure, rue de Fleurus, 9, à Paris. — 9.94.

LIBRAIRIE HACHETTE ET Cⁱᵉ — PARIS

ALBUM ILLUSTRÉ

D'ARCHÉOLOGIE

VIE PUBLIQUE ET PRIVÉE

DES GRECS ET DES ROMAINS

Avec de nombreuses gravures d'après les monuments

PAR

M. E. FOUGÈRES

Professeur à la Faculté des lettres de Lille

1 volume grand in-4 cartonné. . . . . . . **10** francs

29 096. — PARIS, IMPRIMERIE LAHURE
9, rue de Fleurus, 9.